Constat d'infractions

Anna Fayonna

QUART-DE-LUNE

Anna Fayonna

Constat d'infractions

ISBN 978-2-9815051-0-1

Depôt légal - Bibliothèque et Archives nationales du Québec, 2020

Depôt légal - Bibliothèque et Archives Canada, 2020

Quel avantage revient-il à l'homme de toute la peine qu'il se donne sous le soleil? Une génération s'en va, une autre vient, et la terre subsiste toujours.

Ecclésiaste 1 : 3 - 4

Un mot d'Anna

Constat d'infractions, c'est un regard inquisiteur sur les chemins, les rues, les avenues et les boulevards que nous, les êtres humains, partageons ou avons partagés. Il est vrai qu'ici, le dénominateur commun c'est moi, comme tous, vous le seriez dans votre propre histoire. Cependant, l'histoire de chacun d'entre nous croisera l'histoire de bien d'autres que nous. Et, puisque notre parcours à tous doit s'y effectuer, l'histoire de chacun d'entre nous recoupera l'histoire du monde.

Ma perruque blonde

Et voilà : j'avais mis ma perruque blonde, puis j'avais suivi mes amis, pour une soirée amusante.

Nous étions en janvier 2019, j'étais invitée à sortir faire la fête, et j'avais décidé de porter une perruque blonde que j'avais achetée depuis deux ans déjà. Une bonne copine m'avait alors amenée sur la rue Saint-Hubert où elle s'achetait régulièrement toutes sortes de postiches. Je n'avais préalablement eu aucune intention d'acquérir quoi que ce soit de cet endroit; pourtant, en l'attendant, je m'étais mise à essayer quelques-unes de ces coiffures rangées sur un alignement de têtes en styromousse. Lorsque nous avions quitté le magasin de ce jeune asiatique, je m'étais payé toute une quantité de perruques.

Je la portais enfin, cette perruque blonde. Je n'avais pas osé jusqu'ici l'afficher en public, car cela me semblait demander une dose de courage et d'audace. Il est vrai que c'est chose courante aux États-Unis depuis bien longtemps. Ici au Canada, c'est plus rare.

Sur un autre plan, Il y avait toute cette pression venant de la part de ceux qui dénoncent les phénomènes d'appropriation, montrant du doigt ceux qui osent adopter des aspects liés à d'autres cultures. Disons que je craignais qu'on m'accuse de renier la beauté noire et de vouloir ressembler à une blanche, ou qu'on se mette à rire de moi. Noire, je le suis; pas un instant je n'oublie. Noire je suis, noire je me plais à être.

Mais j'avais hésité à me lancer dans cette aventure blonde. Puis, un beau jour, après considérations, je me suis dit : « Bah! Il ne faut pas avoir peur d'être ridicule! ». Et ne viendra-t-il pas un temps, un certain âge où, tout naturellement, cheveux noirs, cheveux roux ou cheveux blonds transcenderont leurs teintes initiales, pour se confondre en un simple blanc respectable?

Dans le monde actuel, qu'on tend à comparer à un village global, cette logique, cette volonté de compartimentation des cultures, des manières d'être et des styles, n'a plus de raison d'exister. Tout est bien qui nous fait plaisir et ne porte atteinte à autrui. N'avons-nous pas vu Bo Derek, avec ses tresses africaines? N'avons-nous pas rencontré la horde des vraies blondes qui se font brunir sur les plages de ce monde? Sans compter les mixages sur le plan artistique, en cuisine, et dans la mode. La voie est bel et bien ouverte à ce décloisonnement.

Côté esthétique, de nos jours, tous ont accès à la beauté qu'ils envisagent. Dans les cliniques de chirurgiens esthétiques, on s'achète un nez aquilin, un ventre plat, des ajustements mammaires, des paupières remontées, un visage remodelé, etc. Chez le dentiste, on se commande un sourire éclatant et des dents joliment alignées. Beauté à la carte. Les femmes se font injecter des lèvres pulpeuses exotiques, ou demandent qu'on les rembourre de fesses brésiliennes. Faudrait-il voir cela comme un phénomène d'appropriation, ou bien comme une preuve d'ouverture aux différentes formes de beauté du monde? Aujourd'hui, chacun a finalement droit à son look; à chacun le look qu'il peut se payer. Transesthétique sans frontières! Carrément.

J'avais donc enfilé ma perruque blonde. Mes amis s'en étaient amusés, un peu admiratifs quand même. Et moi, j'étais contente d'avoir osé. « Ô vanité, vanité! » direz-vous? « Eh bien, peut-être » répondrai-je. Car ça aussi c'est dans l'ordre des choses, à tel point qu'un grand nombre d'industriels ou de commerçants se sont outrageusement enrichis pour avoir mis sur le marché des lignes de maquillage ou de vêtements de mode. Vanité? D'accord, je plaide coupable. Mais bon, je pourrais tout de même invoquer quelques circonstances atténuantes : le côté ludique de la chose; le plaisir de se voir sous un autre éclairage; l'expectative de l'étonnement des copains; et puis, l'affirmation d'une certaine capacité de bravade, en se montrant rebelle vis-à-vis de normes dénuées de fondement.

Mais surtout, le plus important : je ne causais de tort à personne.

Moi

Du temps de ma jeunesse, et de cet endroit d'où je viens, parler de soi-même était vu comme une grossièreté. On bannissait les « moi », on évitait les « je ». C'était ainsi lorsqu'on avait un peu d'éducation. Cette époque-là n'est plus, et j'ai depuis longtemps quitté ces lieux de mon enfance. Ici, en Amérique du Nord, on est encouragé à s'affirmer. Ici, au Québec, on peut parler de soi. Cela m'a pris du temps avant d'y parvenir; cela m'a pris quelques années. Maintenant, ça y est, je peux parler de moi. Je vais parler de moi.

Depuis la fin de 2018, je savoure cette liberté que je considère comme légitime. J'avais acquis le droit à la retraite, et j'avais quitté mes fonctions de directrice générale sans le moindre regret. J'avais, je crois, dans chacun des emplois que j'avais occupés, donné le meilleur de moi-même. Ainsi, le sentiment du devoir accompli m'emplissait.

J'avais, contre vents et marées, réussi à vivre des fruits de ma profession. Il avait été une époque où je perdais espoir de travailler dans cette discipline qui m'avait coûté quatre dures années à l'École des Hautes Études Commerciales de Montréal (HEC). Après l'obtention de mon diplôme, des mois et des mois défilaient; les nombreuses portes auxquelles j'avais frappé s'étaient toutes gentiment refermées. Et je naviguais entre « Vous êtes surqualifiée » ou « Vous n'avez pas le nombre d'années d'expérience requis ». Mais avec le temps qui passait, mes chances d'obtenir un boulot s'amoindrissaient, car une question redoutable revenait à chaque entrevue : « Qu'avez-vous donc fait, entre la fin de vos études et aujourd'hui? Qu'est-ce que vous avez accompli dans cet intervalle? ». Et l'explication « Je n'ai pas pu me trouver un emploi » était irrecevable.

Je me souviens d'un autre temps, au début des années 70, quand je me présentais quelque part pour quêter un emploi, je récoltais souvent la réponse : « On n'engage pas de noirs icitte! ». Au moins, là, il y avait quand même lieu d'apprécier cette sincérité. Faut dire qu'à mon arrivée dans la ville, mes amis, comme moi d'origine haïtienne, m'avaient bien prévenue : « Ma chère, ici, les noirs ne travaillent pas dans les bureaux ». J'avais voulu m'essayer malgré tout, mais au fond je savais à quoi m'en tenir.

Puis, au fil des années, les gouvernements avaient dissuadé cette trop grande franchise dans le discours, tout en mettant sur pied des programmes d'inclusion à l'emploi, pour les minorités visibles. De toute évidence, les choses progressaient; lentement mais sûrement, les mentalités évoluaient.

J'avais fini par commencer au bas de l'échelle, bien en dessous, il est vrai, de ce qui correspondait à la mention *Baccalauréat en Administration des Affaires (BAA) – Option comptabilité professionnelle*, dans mon diplôme. Mais bon, je travaillais enfin; c'était ce qui comptait. Ça m'avait pris longtemps, avant d'accéder à des fonctions de comptable, puis de comptable en chef, dans le milieu corporatif montréalais. Ultimement, j'avais franchi toutes ces étapes; j'avais fait mon chemin.

Or, me voici déjà à la fin du parcours. J'avais fait une maigre carrière, dans cette discipline qui rapportait substantiellement à d'autres diplômés des HEC. Mais qu'importe, si je n'ai pas réalisé tous mes rêves! Pour certains d'entre nous, les rêves ne restent que des rêves, avant de s'évanouir définitivement un beau matin. Et l'on ne se souvient même plus de quoi ils étaient faits.

Oui, j'ai réussi ma vie. Pas selon la conception opulente de la réussite; pas comme la plupart de ceux qui me regardent l'envisagent. J'ai vécu une vie; la chose en soi, pour moi, est une réussite. Alors, en toute sérénité, j'entre dans la retraite, sans rien demander à quiconque, sans rien demander que mon dû. Et maintenant, pas à pas, j'avance vers cette destinée de l'homme, que nous connaissons tous.

Donc, je viens de parler de moi. J'ai parlé de moi-même en long et en large; et je n'ai pas fini. Du temps de mon enfance, cela aurait été une maladresse. De nos jours, il semble de bon ton de montrer au monde entier qui l'on est. On ne cache plus rien. On se livre au public, louant ses propres mérites, s'exposant en photos sur les réseaux sociaux; en un mot, on se célèbre soi-même. On pourrait discuter très longtemps sur les attitudes d'autrefois versus celles d'aujourd'hui; mais que pourrait-on en déduire? Il y a du bon et du moins bon, dans les deux camps. Tout est peut-être dans l'intensité, tout est peut-être dans l'intention. L'intention et l'intensité du silence. L'intention et la portée de sa mise à nu. Peut-être qu'enfin, tout est dans la mesure.

Et puis voilà, qu'on le veuille ou non : autre temps, autre lieu, autres mœurs!

Le passage

J'avais embrassé les membres de ma famille, et puis j'avais embarqué dans l'avion. Montréal m'attendait.

J'avais pressé le pas vers la sortie de l'aéroport, où mes bonnes amies avaient dû compter les minutes, vérifiant l'horaire de l'atterrissage de ce jet qui m'amènerait de Port-au-Prince. En fait, j'avais eu deux escales avant d'y arriver : d'abord à Montego Bay, puis à Toronto, où l'officier de l'Immigration canadienne m'avait demandé mes papiers. Il avait vérifié mon passeport et m'avait regardée; je n'avais vu des yeux si bleus que dans les films. Il m'avait posé des questions, compté l'argent que j'avais apporté pour mon séjour. Car je venais au Canada en tant que touriste, invitée par ces amies qui m'attendaient à Dorval.

C'était mon premier long voyage. Pour mes parents, qui étaient assez conservateurs, une fille, ça restait chez soi, un point c'est tout. Pourtant, j'avais déjà commencé à désobéir. Je sortais tous les soirs, m'absentais parfois pour des journées entières, et avais pu ainsi effectuer quelques petits déplacements en dehors de la ville. À la longue, je m'étais, semble-t-il, un peu trop émancipée; la bonne fille de famille, que j'étais supposée être, avait fini par décevoir. Par ailleurs, étant l'aînée des quatre enfants de notre famille, je ne représentais pas un exemple que ma sœur, la cadette, aurait pu suivre. Par chance, les deux autres enfants étaient des fils! Ainsi, je crois bien que mon père et ma mère étaient soulagés de me voir disparaître pour quelque temps, puisqu'à Port-au-Prince, une fille se dévaluait facilement.

Je disparaissais donc de là-bas; j'apparaissais ici. Bonsoir Montréal, me voici! L'apprentissage de la vie québécoise venait de commencer, ne serait-ce que par ces escaliers roulants qu'il me fallait apprivoiser. Mais ça allait durer quelques années encore. Cela prendrait longtemps avant de m'y sentir chez moi.

Ayant quitté les locaux de l'aéroport, en direction du véhicule que mes amies avaient laissé dans un stationnement qui me semblait fort éloigné, je ne me souviens que du froid —un froid à vous serrer violemment les pores— et de cette fumée qui s'échappait de ma bouche, lorsque j'essayais de parler! Comment aurais-je pu anticiper une telle sensation? Quand on vient d'un pays qui n'a qu'une saison et qui ne connaît que l'été, on est ignorant de ces choses-là. Toutefois, ce n'était que le mois d'octobre; on n'était donc qu'en automne. Mais comment aurais-je pu imaginer qu'un tel froid pouvait s'intensifier?

Quarante ans ont passé; et je me suis bien adaptée à ce territoire, ainsi qu'à ses diverses saisons. Je remercie mes amies qui avaient insisté pour que je reste ici, alors que je voulais absolument retourner au pays.

En demeurant à Montréal, j'avais piétiné la conviction de mon père, à savoir que « Nous ne quitterons jamais notre terre! ». Aujourd'hui, cependant, j'ai pu regagner la paix dans mon âme, car il avait fini par me pardonner; il m'avait même envoyé sa bénédiction. C'était dans une lettre annonçant mon mariage que j'avais profité faire acte de contrition, et que je lui avais laissé entendre combien je l'aimais. Je savais que cela lui ôterait un poids sur le cœur, qu'il se dirait qu'aux yeux du monde, je n'étais pas une fille perdue.

Oui tout est bien qui finit bien : j'avais restauré l'honneur de mon père; j'avais payé ma dette.

L’apprentissage

Je n’avais pas connu de pénurie, dans mon pays d’origine; je n’avais pas connu ce que c’est d’avoir la faim. C’est ici, dans ce pays d’abondance, que j’en ai fait l’expérience. Ici j’étais livrée à moi-même, bravant tous les risques du vide, sans recours au filet familial. Il faut dire également que lorsque j’ai quitté Haïti, le pays se faisait encore appeler « La Perle des Antilles ». Hélas, on se demande aujourd’hui comment une telle perle a pu se dévaluer, au point qu’on la qualifie désormais de pays « le plus pauvre du monde ».

Nous n’avions jamais été riches, mais nous n’avions pas connu la misère. La vie là-bas me semblait agréable. Mes parents nous avaient appris l’importance de savoir partager, aussi bien entre nous qu’avec des étrangers sollicitant de l'aide. Je me rends compte qu'en ce temps-là, j'agissais de la sorte machinalement, parce que je savais que c'était la chose à faire. J'avais développé une pitié superficielle; je ne comprenais pas vraiment ce qu'éprouvaient les gens à qui l'on apportait l'aumône. C'est ici que j'ai fini par comprendre. C'est ici que j'ai bâti en moi une réelle empathie. Ici, à Montréal, j'ai eu l'opportunité de grandir. Car c'est dans la souffrance qu'on grandit.

Ici, j'étais en effet livrée à moi-même, dégagée des contraintes familiales et de la nécessité de protéger ma réputation. Sans le savoir, je me dirigeais tout droit vers un certain libertinage, que je confondais alors avec la libération de la femme. Ce que j'ai fini par apprendre, c'est qu'il y a un coût à chaque chose. J'ai appris qu'ici on ne marchandait pas, comme on pouvait le faire dans un commerce de la Grand-Rue, à Port-au-Prince; ici, on payait le prix ferme. J'avais accepté de payer le prix de ma liberté, et je la paie encore. Les épreuves, les chagrins, et souvent la déroute; telle était la monnaie d'échange. Car il y a un coût à chaque chose : un coût à la liberté, un coût au plaisir débridé, un coût à l'indiscipline, un coût à la complaisance, etc. Si bien que l'on n'a d'autre choix que de s'imposer ses propres limites, s'ajuster de soi-même, et finalement grandir.

Montréal m'avait accueillie, puis elle a fait de moi une femme résiliente; et j'ai payé de mes souffrances.

Du mariage

Mais que dire du mariage, hormis que le mien n'a pas duré cinq ans. Mon ex-mari et moi avons quand même eu le temps de concevoir deux enfants, avant de divorcer. Il m'arrive quelquefois de revoir ces photos où nous étions très jeunes, lui dans son complet noir, moi dans ma robe blanche. Je me dis que nous aurions pu très bientôt fêter cinquante ans de vie conjugale. Mais bon, que pouvons-nous y faire? Le divorce, à l'époque, était devenu chose courante; c'était comme ça. Et je ne saurai pas ce que ça fait de porter une robe d'or.

Ce que j'aurai appris, en revanche, c'est que les liens desquels aura émergé une descendance restent des liens très forts. On devient une famille, et on le demeure par la force des choses. Quoique toute rupture soit difficile, une progéniture formera comme un pont sur deux vies dissociées, et le potentiel d'une relation future harmonieuse reste à considérer. Car, avec le temps, les souvenirs —les bons comme les mauvais— s'estompent. De ce qu'il en reste, nous avons le choix de bâtir de nouveaux rapports fondés ou bien sur l'animosité, ou bien sur le pardon et la compréhension. Il revient à chacun d'entre nous de travailler sur soi-même, de contenir les turbulences intérieures, de laisser couler le temps, et de panser ses blessures.

C'est ce que la vie m'aura appris.

Ah, ces questions d'entrevue!

Ces ahurissantes questions d'entrevues, vous savez? De celles qui vous décoiffent, vous renversent, et vous font vous sentir si inadéquats. Du coup, vous ne pouvez que détester l'intervieweur, votre intervieweur qui se trouve plus souvent, de nos jours, à être une intervieweuse.

Et dire que vous avez pris le temps, ce matin-là, de soigner votre apparence! Vous êtes arrivé un peu avant l'heure, afin d'avoir quelques minutes à vous, ces cinq ou dix minutes qu'il ne faut surtout pas gaspiller. Alors, vous prenez bien le temps de respirer, de vous accoutumer à votre environnement —petite ou vaste salle d'attente, climatisée ou pas— et de revisiter, dans votre tête, le plan de la conversation telle que vous aviez pu l'imaginer. Vous êtes calme, assez calme; enfin, vous le croyez.

Elle apparaît enfin, celle que vous allez devoir vénérer pendant vingt-cinq minutes, cette dame des Ressources humaines, avec son cartable blanc cassé, son beau sourire aux lèvres et une main tendue. C'est qu'avant la Covid-19, on se serrait la main pour se saluer ou pour faire connaissance. On vous avait bien appris qu'une entrevue, ça se joue dans les quarante premières secondes. Alors vous souriez à votre tour, vous tendez votre main, vous rappelant qu'elle ne devra pas être molle; une bonne poignée de main doit être ferme, mais attention, pas trop, car vous risqueriez d'écraser les doigts de cet être suprême qui tient les rênes de votre avenir.

Enfin le face-à-face, dans une petite salle de conférence. Elle vous sort une blague, ou une parole aimable; elle engage un petit échange sur la température, vous demande s'il a été facile de vous rendre jusqu'à leur adresse. Puis elle vous dira « Parle-moi de toi ». C'est à ce moment-là que vous penserez avoir devant vous une amie, et que vous vous mettrez trop à votre aise. Grande erreur! Vous vous trouvez ici dans une arène, et les coups vont commencer à pleuvoir.

Et elles pleuvent en effet ces questions, ainsi que les réponses que vous auriez aimé lui lancer au visage, et que je vous déconseille fortement :

« Pourquoi nous avoir choisi? »

— Tu rêves? Je ne te choisis pas. Est-ce que j'ai l'air d'avoir le choix? Je suis désespéré; je me cherche un salaire. Toi ou un autre, c'est presque pareil.

« Pourquoi devrions-nous vous choisir? »

— ... (bouche bée).

« Quel genre de patrons préfères-tu? »

— Mais, un qui n'est pas chiant.

« Quels sont tes points forts? Et comment comptes-tu les améliorer? »

— Ben là, c'est Superman que vous recherchez? Dites donc, combien comptez-vous lui payer, à Superman?

« Le travail est très exigeant ici, parfois un petit peu stressant. Comment réagis-tu au stress? »

— Ah ça oui, j'aime ça l'stress! Je réagis bien au stress, c'est l'fun. LOL.

« Qu'as-tu le moins aimé de ton dernier emploi? »

— ... (bouche bée).

« Qu'est-ce qui te motive? »

— Heu, une belle grosse paie, voyons donc!

« Qu'est-ce qui te rend confiant? »

— Une belle grosse paie.

« Que critiques-tu chez les autres? »

— Les autres, c'est l'enfer!

« Quels sont tes points faibles? »

— Dis donc, si je le savais, penses-tu ben que je te le dirais? Tiens, j'en ai un pour toi : je suis perfectionniste.

« Qui est le premier ministre du Manitoba? »

— ... (bouche bée). Comment veux-tu que je le sache? Je suis au Québec, non?

« Comment ta façon d'aborder les problèmes a-t-elle évolué depuis la fin de tes études? »

— Je sais même pas de quoi tu parles. Que c'est que tu veux dire? Pose donc une question intelligente, si tu veux une réponse intelligente!

« Dans le cas où tu serais confronté à deux offres d'emploi offrant les mêmes conditions salariales et les mêmes avantages sociaux, laquelle choisirais-tu? »

— Facile : je choisirais celle qui est la moins plate, qui est la moins stressante, et qui est plus proche de chez moi.

« Où te vois-tu dans dix ans? »

— Toute mon attention est actuellement fixée sur la possibilité d'avoir une paie la semaine prochaine.

« Que feras-tu si tu ne trouves pas cet emploi? »

— Ça, c'est pas de tes affaires!

Autant de questions abasourdissantes qui avaient plu sur moi à de multiples reprises, pour inlassablement m'entendre dire à la fin : « Merci d'être venue. Nous avons d'autres candidats à rencontrer. Nous vous ferons part de la décision, dans deux semaines au plus tard ». Et je partais honteuse, insatisfaite de moi-même, avec la sensation de ne pas être à la hauteur, ou d'avoir quelque chose sur ma face que les gens n'aimaient pas.

Sacrées questions d'entrevue! Mais, à la longue, je finissais par trouver un poste, une fonction. Après tout, je me dis que ça aussi, ça forme le caractère. Et si on est persévérant, on finit toujours par trouver.

« Du travail! »

À l’occasion des Fêtes de fin d’années, le grand patron d’une grande compagnie se faisait le devoir d’aller en personne porter, de vive voix, ses vœux aux employés dont les bureaux logeaient sur le même étage que le sien. C’était quelque chose de spécial, lorsque le président —qui d’habitude vous croisait ou passait à côté de vous, le visage impassible, sans vous lancer un regard— vient vous adresser personnellement, pour vous faire part de ses attentions.

Cela avait été une chance inouïe, que de me trouver engagée dans cette prestigieuse entreprise; jamais n’avais-je espéré qu’un environnement si luxueux deviendrait mon quotidien. À la suite d’un entretien tellement pas compliqué qu’il me faisait l’effet d’une simple conversation, le coup de fil m’était parvenu le jour même, pour m'annoncer que j'avais été sélectionnée. Et pourtant, elle avait semblé sévère, froide et huppée, cette directrice des Ressources humaines qui ne m'avait pas un instant souri. Mais elle m'avait choisie, et j'avais obtenu un contrat plutôt avantageux, dont la durée indéterminée aurait pu s'étendre au-delà de deux ans.

J'occupais dans cette entreprise un poste de comptable, et le travail était intense, aussi bien par sa quantité, que par sa variété, la nécessité de s'assurer du respect le plus strict des obligations commerciales ou gouvernementales, et l'obligation de délivrer à temps une série de rapports compliqués.

Lorsque j'y pense, je me rends compte que j'aurais bien pu perdre la vie dans l'achèvement de mon travail. Une fois, à la veille d'une remise de rapports, je m'activais rageusement, gardant à l'esprit qu'il me fallait absolument tout compléter au cours de l'après-midi. Car le matin suivant, dès 9 h 30, on les ramasserait; et ce serait une catastrophe si, par malheur, la tâche n'était pas terminée. Or, la contrôleure —qui était la grande responsable du département— était venue m'inviter à aller prendre une marche, tandis qu'en moi-même, j'avais prévu rester travailler sur la pause du dîner, pour m'assurer que je finirais à temps. Elle était là devant moi, souriante, amicale; comment répondre non à ma supérieure immédiate, ma boss?

La promenade avait été longue. D'abord un bon repas au restaurant, puis une marche au centre-ville de Montréal. Elle me racontait des histoires personnelles, et m'incitait à en faire tout autant. Je savais alors qu'elle savait que j'allais couler; elle connaissait mon travail ainsi que mes échéanciers. J'essayais tant bien que mal de maîtriser mon appréhension, mais près de deux heures avaient passé, et l'on déambulait encore. Finalement, retour au bureau, où une grande fébrilité m'avait gagnée. Un bref moment plus tard, sa journée terminée, ma boss prenait le chemin du départ en me faisant un joli bye

bye de la main. Suivaient un à un tous les autres employés. J'allais rester drôlement seule sur l'étage; mais avec de la chance, je finirais peut-être dans trois heures.

Quatre heures plus tard, il me restait encore beaucoup à faire. Le bureau était devenu glacial, car on était en hiver, et le chauffage était coupé dès la fermeture du bureau. Mon crâne, mon visage et mes doigts gelaient, mais il me fallait continuer. Cela aurait été trop bête de me faire disqualifier par celle qui m'avait pressée à sortir prendre une marche. Finalement à 21 h, il me fallait absolument partir, puisque l'immeuble entier devait fermer ses portes. Mais j'étais suffisamment avancée, et je savais que si j'arrivais assez tôt le lendemain, je gagnerais la bataille.

Eh oui, j'avais gagné. J'avais dû travailler très rapidement, et j'avais terminé juste à temps. J'avais gagné ce combat; il y avait cependant eu un prix à payer. J'avais été frappée d'un gros rhume qui allait durer plusieurs semaines. Or, la quantité de travail n'aurait pas supporté que je m'absente; j'étais donc tous les jours à mon poste. Je commençais à tousser creux, c'était mauvais signe. La directrice des Ressources humaines —dont le bureau voisinait la mienne— était venue personnellement me chercher, un matin, pour me faire vacciner par un groupe d'infirmières qui prodiguaient, à tous les employés, une immunisation annuelle contre l'Influenza; gracieuseté de la compagnie. C'est après la vaccination que j'étais tombée vraiment malade. Et là, j'avais dû m'absenter, car un médecin m'avait diagnostiqué une pneumonie.

C'était donc la période des Fêtes. L'année 2007 parvenait à sa fin. Le grand boss faisait sa tournée. Il était donc venu se planter gentiment dans l'embrasure de mon bureau. Je m'étais levée, toute émue, je l'avoue. On se met debout instinctivement, vous savez, quand le grand patron se présente devant votre bureau. Il m'avait tendu la main et m'avait dit bonne année, puis, tout fier du vœu qu'il me destinait, il avait ajouté simplement : « Du travail! Je vous souhaite du travail! ».

Sur le coup j'étais saisie d'étonnement, et je crois que j'avais, l'espace d'un instant, froncé les sourcils. Je lui avais quand même répondu avec un sourire : « Merci monsieur »; il avait bien fallu lui répondre quelque chose. Au fond de moi pourtant, j'éprouvais un sentiment indéfinissable. Je suppose qu'il croyait que, pour ses employés, le travail était une fin en soi. Il ne comprenait pas que, pour beaucoup d'entre nous, le travail n'est d'abord qu'un moyen de survivance, une contrainte laborieuse pour les gens dépourvus de capitaux.

Comme cela aurait été formidable, s'il m'avait plutôt souhaité de parvenir à atteindre une indépendance sur le plan financier, afin que je puisse matérialiser mes rêves! Afin que je n'aie plus jamais à me trouver sous les ordres d'un boss! Je savais pourtant qu'il pensait bien dire, qu'il pensait que je n'aurais pas pu vouloir quelque chose de plus grandiose qu'un emploi garanti. Il avait dû savoir que je travaillais dur, que je travaillais bien, avec sur mon visage un inlassable sourire, même dans ces moments de stress qui couvraient 90 % de mon temps. Donc par ce souhait, il me signifiait, je crois, la pérennisation de mes fonctions, une promesse de changer mon statut contractuel en statut d'employé permanent. C'était pour ça qu'il avait cet air fier en m'annonçant son vœu. Faut dire qu'il était un grand patron aimé de ses employés, aimé de nous tous. Et j'avais cette certitude qu'il n'avait en tête que de bonnes intentions.

Il m'arrive parfois de me demander si ce grand patron faisait ce même souhait à l'endroit de ses propres enfants. Car, dans ces familles-là, on ne devient pas travailleurs. On devient actionnaires, propriétaires, membres de Conseils, présidents qui, du haut de la pyramide, flottent en étendards au-dessus du Travail.

« Du travail! ». Et d'un coup, je m'étais sentie projetée entre les barreaux symboliques d'une multinationale, pour de nombreuses années à venir. Ce souhait résonnait en moi, telle une condamnation aux travaux forcés; j'en étais toute traumatisée. Alors, trois mois plus tard, je démissionnais de mon poste, fuyant ces bureaux luxueux, abandonnant le bon salaire à celle qui joyeusement allait me succéder, et que j'avais pris le temps de former. Voilà!

Tout compte fait, j'avais achevé ma tâche. Je laissais tout en bon ordre. Je partais la conscience tranquille, et le sentiment d'avoir bien accompli ce que j'avais eu à accomplir.

Trop, trop, trop! Et la maigre récolte

Travailler fort
Travailler bien plus fort
Et travailler encore plus fort
Accroître le pouvoir d'achat
Entrer dans la compétition
Se mesurer à son voisin
Parvenir à le dépasser
Être enfin parvenu!

Travailler bien plus fort
afin de se payer de beaux atours
compétition oblige!
Compétitivité des uns
qui forge la richesse des autres!
Il faut bien que certains dépensent
afin que certains autres s'enrichissent.
Que de fortunes auront été bâties
sur l'esprit de compétition!

Et que de pauvres gens
auront déposé leur santé
sur l'autel du travail
dans le seul but
d'être dans la compétition!

Un attachement singulier

Cela se passait dans le cadre prestigieux de l'emploi précédent. Deux vice-présidents de cette compagnie s'étaient fait connaître pour leur compétence et leur élégance. Ils étaient tous les deux ouvertement homosexuels. L'un était jeune, moderne et trop superbe; l'autre était sobre et d'allure aristocratique. Ce dernier évitait toute promiscuité avec les employés; l'autre, par contre, pouvait de temps en temps vous dédier un sourire.

Or, il avait fallu qu'un jour cet aristo vienne jusqu'à mon bureau, afin d'obtenir des informations comptables lui permettant sans doute de monter quelques statistiques. C'était assez intimidant de le voir là, et j'essayais —du mieux que je pouvais— de répondre adéquatement et rapidement à ses demandes. Il était ensuite revenu, à d'autres reprises, et avait fini par me témoigner un peu de sympathie. Et moi, je l'aimais bien.

Un jour que j'avais porté une copie de la bague Trinity de Cartier, il s'était étonné : « C'est une bague Cartier? ». J'avais simplement répondu que c'était un bijou de pacotille, mais que j'aurais tellement préféré que cette bague soit authentique. Et là, il m'avait confié qu'il en possédait une authentique, qu'il me l'offrirait en cadeau, si j'acceptais de l'épouser.

Revenue de ma stupéfaction, je lui avais rappelé qu'il était irrémédiablement homosexuel. Il avait alors répliqué que cela se faisait comme ça, de nos jours; que, dans certains milieux huppés, beaucoup de femmes épousaient maintenant des homosexuels. Il avait ajouté qu'on ferait chambre à part, et qu'on vivrait de préférence en bons amis.

Cela s'était passé ainsi, là dans ce luxueux environnement d'une compagnie prestigieuse.

Lorsqu'il avait appris que je démissionnais, il était venu jusqu'à mon bureau et m'avait seulement demandé : « Mais qu'est-ce que je vais devenir sans toi? ». J'avais alors deviné un cœur tendre, une vulnérabilité insoupçonnée, sans parvenir pourtant à comprendre son attachement.

Lors de ce dernier dîner au restaurant, où ma supérieure immédiate et d'autres employés célébraient mon départ, il s'était présenté et avait mangé avec nous. Un peu plus tard, une employée —parmi les plus anciennes— était venue me signifier son étonnement : « Lui, il doit vraiment t'apprécier, pas à peu près; c'est la toute première fois que Monsieur daigne venir manger avec nous! ». Quant à moi, je m'étais tue, je n'avais rien à dire; jamais je n'aurais raconté notre petite histoire à qui que ce soit.

C'est cette même employée qui, plus d'un an après, m'avait téléphoné pour m'annoncer la terrible nouvelle : mon aristo était décédé. Alors qu'il était en train de souper chez lui, tout seul, il avait avalé de travers. Ah, mon Dieu, était-ce une façon de mourir? Aujourd'hui encore, quand j'y pense, j'ai le cœur trop lourd. Il m'arrive de me dire que, peut-être, si j'avais accepté de partager une vie avec lui, il ne serait pas mort. Si j'avais été là, qui sait, peut-être serait-il encore bien vivant. Peut-être que nous aurions été heureux tous les deux, comme deux bons amis partageant une même maison. Peut-être que nous serions encore heureux en vieillissant ensemble.

Qui sait?

Cercle vicieux

« Le travail, c'est la santé ». Combien de fois ne l'avons-nous pas entendue, celle-là? La plupart des gens ont été programmés en ce sens, cette phrase coincée dans leur subconscient. Certains ne peuvent même pas imaginer leur vie sans sortir chaque jour, s'embarquer dans cet aller-retour dont le trait d'union se résume à leur lieu de labeurs. C'est pour eux, semble-t-il, comme une religion; ce qui m'a toujours paru incompréhensible. Je ne suis pourtant pas la seule à me demander si le zèle de ces anges du travail est mû par un besoin d'être au sein d'une quelconque assemblée, ou par la conscience d'un devoir collectif auquel chacun devrait participer.

J'avais traîné ma profession à travers les départements de comptabilité des moyennes et grandes corporations de Montréal. J'y faisais escale chaque fois, et cela durait habituellement quelques années. Puis je partais vers d'autres ports. À l'école des HEC, on nous avait laissé entendre qu'il ne fallait pas s'enliser dans un poste ou une compagnie; ça aurait été comme un frein à l'ascension d'une carrière. Cette idée me convenait parfaitement, mais sûrement pas dans cet esprit d'avancement professionnel qu'on nous recommandait.

Avoir un emploi, oui, on s'entend que c'est valorisant. Nous avons hérité d'un monde qu'il nous faut bien gérer, entretenir et protéger; chaque être humain est appelé à contribuer à cette tâche, selon ses possibilités ou ses aspirations. Le travail est donc une obligation; tous, nous devrions faire notre part. Il arrive pourtant que quelques-uns parviennent à s'en exempter, se vouant à l'unique but de leur inutile existence, une interminable série de débauches qui seront entrecoupées de périodes de paresse. Ces derniers ont leurs propres religions, la vida loca et la dolce vita; un moment sans plaisir, pour eux, c'est la mort de l'âme. Ils n'adorent de dieux que leurs propres désirs, et ne peuvent s'imaginer vivre une vie dénuée d'excitations, souvent prêts à traverser les limites mêmes de la légalité ou de leur propre sécurité, pour exaucer leurs concupiscences.

Le travail est une obligation, pas une partie de plaisir, surtout pour ceux dont le pain quotidien en dépend. Les mieux nantis contribueront à la gestion du monde par des activités qu'ils ont choisies, selon les conditions et rémunérations qu'ils auront décidées. Pour nous autres, les dépendants économiques, le travail est un mal nécessaire, une contrainte à nous appliquer aux besognes qui nous sont exigées, selon des conditions et rémunérations qui nous sont imposées. Les gentils salariés, qui ont cette chance ridicule de bénéficier annuellement du soi-disant généreux congé du temps des Fêtes, savent bien de quoi il en retourne. Les bulletins de nouvelles télévisées du 2 janvier qui, à midi, leur annoncent régulièrement que les dirigeants des grandes compagnies ont déjà gagné en moyenne près de cinquante mille dollars, rien que pour cette seule demi-journée de travail. Travail? Disons, au mieux, le temps de lire leur journal. Et l'on apprend alors qu'une heure de la vie de quelqu'un peut valoir plus de dix mille dollars; que sa demi-journée équivaut au salaire annuel d'un citoyen de la classe moyenne. Ainsi, le salaire usuel de treize dollars l'heure, pour la majorité, ne semble pas avoir sa place dans une telle équation. Ou bien, peut-être faut-il que certains gagnent petit pour que d'autres gagnent gros; telle est la logique du partage de la tarte. Eh oui, c'est ça : je compte. Mais, que voulez-vous? Un comptable ne pourra pas s'empêcher de savoir compter.

Or, il y a ces petits employés —dont je faisais partie— pour qui c'est tout à fait providentiel de s'éreinter durant cinquante semaines, l'esprit fixé sur cette oasis des quinze jours de congé à venir. Et ils partiront vers le Sud, vers une destination-vacances pour petites gens. Et ils se sentiront très riches, en dansant Guantanamera, ou en sirotant leur Piña Colada face à la mer.

Pendant un bref instant, ils pourront se croire libres, plus libres que le vent; telles des girouettes, se trémoussant au gré d'une brise, pourraient se croire libres et indépendantes, oubliant qu'en réalité elles sont fermement fixées, inexorablement fixées quelque part.

Oui, travailler était pour moi un mal nécessaire, comme il l'était pour beaucoup d'entre nous. Comme il l'est encore pour bien d'autres. Et durant mes vacances, je n'avais eu ni le loisir ni les moyens de faire les casinos de Monaco, pas plus la plongée sous-marine au large des côtes du Bélize. Et si quelqu'un prétendait m'avoir rencontrée à Bora Bora, ou bien dans un night-club à Ibiza, eh bien, dites-lui qu'il ment effrontément. Je n'ai même pas pu visiter Martha's Vineyard, chez le Voisin du sud. Mais seulement, à la faveur du tourisme de masse, je m'étais offert quelques moments d'émotion à la vue de la Plaza de la Revolución et des voitures-antiquités de Cuba. Puis, à La Havane, j'avais eu l'opportunité de me délecter du meilleur Mojito de la terre. Enfin, c'est ce qu'on dit : à Cuba, le meilleur Mojito!

Alors, j'avais travaillé dur, même si je m'arrêtais parfois. Je sentais vivement que j'aurais pu participer autrement, à ce devoir de gestion de la planète. Avoir la capacité de choisir son travail en fonction de ses propres aspirations, c'est ce qui rend heureux celui qui s'y consacre. Néanmoins, quand on est dépourvu de capitaux —donc de pouvoir de décisions— on est bien obligé de suivre la direction que pointe l'index de la main qui vous tend votre pain quotidien. Tel est le contrat auquel on est soumis. Et l'on se doit de respecter ce contrat qu'on a accepté, de faire contre mauvaise fortune bon cœur avec le sourire sur les lèvres, et de donner le meilleur de soi-même à l'exécution de la besogne. Pour moi, c'était ainsi, un point c'est tout.

Alors je travaillais fort; j'y mettais ma passion et récoltais de la fierté. Et pourtant j'éprouvais comme un mal de vivre, à me soumettre constamment à toutes ces contraintes imposées.

Puis, chaque année, ces bulletins de nouvelles du deuxième jour de janvier me causaient une sorte de malaise. Pour moi, il était clair que quelque chose n'allait pas. Il reste cependant qu'une fois installée dans un poste, je donnais au travail tout ce que j'avais, tout ce que je pouvais : au-delà des heures réglementaires, au-delà de ma propre fatigue, au point qu'on me traitait même de workaholic. Mais, croyez-le ou non, mon travail avait toujours été apprécié des patrons. Néanmoins, à un moment donné, survenait fatalement le grand épuisement. Je savais alors qu'il était venu le temps de partir.

Voilà : il me fallait tout simplement sauver ma peau.

Nous, les petits

Tenons-nous-le pour dit:
Nous sommes les petits!
À moins d'un miracle
Nous ne serons jamais grands

Ne nous y trompons pas :
Nous sommes les sans-pouvoir
Nous sommes les indigents
Nous sommes la racaille
Nous sommes les affamés
À qui les grands jetteront quelques miettes
Quelques miettes
Pour lesquelles nous nous entretuerons
Nous les petits!

Nous sommes les petits aux grands rêves
Petits aux grandes prétentions!
Nous restons pourtant si petits
Nous restons trop petits
Incapables d'imaginer
La grandeur et la démesure
De ceux-là qui ne sont pas nous

Nous sommes les petits
Nous n'avons pas la moindre idée
de ce que sont les grands
Nous n'avons pas la moindre idée
de ce que font les grands
Et en tant que petits
Nous écoutons leurs beaux discours
Leurs innombrables propagandes
Et puis nous y croyons
Ou nous n'y croyons pas
Mais qu'importe!
La parole du grand, c'est la parole du grand
Nous n'avons qu'à nous y soumettre!

Nous sommes les petits
Guidés par la carotte
Poussés par le bâton
Éperonnés de tous bords
Nous trottons nous trottons
Nous poursuivons cet objet convoité
Qui chemine en avant de nous
Mais qui avancera toujours plus vite que nous!

Une invitation à la noce

Chère Marina,

Nous avons le plaisir de vous inviter à notre mariage
qui aura lieu le samedi 23 mai 2020, 16h
à l'église Saint-Félicien-des-Pairs
située au 2323, avenue Félicien à Laval

Une réception se tiendra dès 18h
À la salle Bernardo Pratto, en face de l'église

Entrée : 180$ par personne
Enfants de moins de 10 ans non admis

Veuillez confirmer votre présence avant le 15 mars

Marlon Jeunehomme
et
Lolita Jeunefemme

PS.- Vous pourrez trouver, chez Les Ameublements Beauclair, une liste de suggestions pour les cadeaux.

Compétition quand tu nous tiens!

Il arrive quelquefois, par la force des choses, que l'on entrevoie ce qu'aurait dû être la priorité de l'homme : la santé, la satisfaction des besoins essentiels, la paix, et le plaisir dans la compagnie de ses semblables. Cependant, jusqu'à ce qu'il finisse par comprendre ces choses-là, il sera davantage motivé par le rêve de dépasser son voisin, d'être plus beau que lui, de compter plus d'admirateurs que lui, de posséder beaucoup plus que lui à tous les niveaux; ce qui le ramènera souvent à cette nouvelle forme de cupidité : le cumul de l'argent.

De l'argent, et encore de l'argent! Jadis, on faisait des conquêtes; on entrait sur les terres voisines, on pillait et on éliminait les occupants. De nos jours, de telles barbaries ne peuvent être réalisées que par ceux qui ont des pouvoirs; ceux qui ont suffisamment de moyens pour bien maquiller leurs actes, pour bien les apprêter, joliment les enrober, et les faire facilement gober par l'opinion publique. Mais pour le commun des mortels, il faudra un boulot. Un job, ou parfois deux, si le premier est peu rémunéré.

Moi, j'avais vite compris que ma personne valait mieux que l'argent cumulé, mieux que les signes et les statuts dont la plupart des hommes s'enorgueillissent. Car la compétition fait rage, une compétition féroce, farcie d'intrigues, de complots et de pièges, pour évincer les concurrents. Tout ça dans un seul but : se positionner au-dessus du tas, et le loisir de regarder de haut tous ceux qui en ont moins que soi. C'est qu'alors on a oublié que tout là-haut, pas si loin en haut, s'est déjà posté un plus riche que soi qui ne daigne même pas jeter un regard vers le bas.

De l'argent, et encore de l'argent! Et puis, sortir magasiner, dépenser, surconsommer. L'argent : il faut que certains en déboursent, que d'autres en encaissent. Soustractions par-ci, additions par-là. Principe élémentaire de transactions comptables. Mais curieusement, l'on viendra s'indigner que le maître-vendeur devienne plus fortuné que l'acheteur, et que de là-haut, il finisse par lui cracher dessus. C'est qu'on aura éludé l'évidence : ce surconsommateur qu'on est en train de plaindre avait aspiré d'abord à supplanter ses voisins, et que, lui aussi, aime cracher sur ceux des échelons inférieurs. C'est qu'on n'a pas conscience, qu'ironiquement, celui d'en bas et celui d'en haut sont tous deux une simple réflexion de celui du milieu.

Nous nous trouvons, pour la plupart d'entre nous, à être en même temps en dessous de quelques-uns et au-dessus de quelques autres. Nous nous démenons furieusement pour nous élever, nous déplacer vers le haut, ce haut dont les membres regardent eux aussi vers un plus haut. Quand donc nous arrêterons-nous? Et pourquoi ne pas reconsidérer nos priorités? Pourquoi ne pas tout bonnement y aller mollo?

Éloge du Vasymollo

Vas-y mollo, ami
Vas-y mollo
À quoi bon vouloir dépasser ton voisin
À quoi bon vouloir arriver le premier
Dans l'unique et ridicule objectif
De contrarier tes semblables

À quoi bon vouloir coûte que coûte
Refouler ton prochain à l'arrière-plan
Lorsque nulle récompense
N'attend celui qui se montre en premier

Vas-y mollo, te dis-je
Cesse d'avoir l'air d'un fou
Se dispersant à tous les vents
Se bagarrant à qui mieux mieux
Au nom futile de la compétition

Vas-y mollo
Mais pourtant
Hâte-toi lorsque c'est nécessaire
Et si tu dois accélérer

Au moins comprends de prime abord
Quelle en sera l'utilité
Ne dépasse pas celui qui marche à tes côtés
Pour le simple plaisir de le mécontenter

Active-toi lorsque nécessaire
Gardant à l'esprit tes propres intérêts
Et les intérêts de ceux qui t'aiment
Et les intérêts de ceux que tu aimes

Ne sois partisan que de ceux qui t'aiment
Sois partisan de ceux que tu aimes
Mais surtout sois partisan de la cause bonne
Partisan de la juste cause
Et alors là, arme-toi de courage
Revêts-toi de persévérance
Puis réussis ce que tu entreprends

Je te le dis
Quand cela vaut le coup
Il faut travailler sans relâche
Abattre la besogne
Et puis ramasser le butin

Mais quand l'effort n'a pas de raison d'être
La raison veut que tu sois partisan du moindre effort

Vas-y mollo petit
Je suis de ceux qui croient
Que lambiner est du naturel de l'humain

Bien sûr, il y a les grands
Qui incitent les petits
À se réveiller avant-jour
À bousculer le corps
Au-delà de sa zone de confort
À trimer dur, à travailler sans cesse
Car chercher le repos
À ce qu'ils disent, ça tient de la paresse

Il y a de ces esclavagistes
Des oppresseurs
Ces grands qui pressent les petits
À en extraire leur jus jusqu'à la dernière goutte
Pour enfin jeter aux rebuts
L'être déchiqueté qui en résultera

Il y a ces grands qui ont de l'influence
Et qui, à travers les institutions
Éduquent les petits
Sous couvert de compétition
À devenir des bourreaux de la production
À vaincre la fatigue

À vaincre les autres petits
Pour livrer la récolte

Ces grands qui ont de l'influence
Cueilleront alors les millions
Et les petits écoperont
D'une belle hypertension
D'un infarctus ou d'une dépression
Puis viendra par surcroît
Le rejet aux ordures
Puisque ne servant plus à rien

Vas-y mollo, ami
Mais quand ça vaut le coup
Vas-y, fonce droit devant
Et sois implacable au labeur
Te gardant à l'esprit
L'estimable récolte

(Anna Fayonna - 2015)

Une lézarde sur le positif

C'était en 2013. C'était bien au cours de cette année-là, lors d'une réunion d'un des multiples comités de l'organisme de défense des droits dont j'étais la directrice générale, qu'il m'était arrivé d'être adressée en ces termes : « Toi qui es descendant d'esclaves, on voudrait écouter ce que tu as à dire! ». Sur le coup, une phrase de ce genre avait de quoi vous renverser; elle avait de quoi vous surprendre, surtout qu'elle était lancée soudainement comme ça, sans rapport avec le débat en cours, et sans la moindre intention d'insulter.

Aucune intention d'insulter, c'était certain. Mon interlocuteur —qui, du sud de la France, il y avait un demi-siècle, était venu s'établir à Montréal où il allait bientôt finir sa vie — voulait seulement, je crois, m'octroyer une forme de réparation, en m'accordant le droit de parole. Car, autour de moi, ceux qui parlaient semblaient s'entendre pour m'exclure de la conversation. Sur quoi portait la discussion ce jour-là, je ne m'en souviens pas. Il s'agissait d'une réunion communautaire; ce devait donc être un débat de société. Il avait ainsi lancé ce filet d'atterrissage entre mes ascendants esclaves et les autres participants, et j'étais brusquement tombée des nues, tout simplement.

Charles —prénom fictif pour un fait bien réel

Comment ne pas se souvenir de Charles? Il approchait, je crois, ses quatre-vingt-dix ans, mais se tenait actif en pratiquant différents exercices physiques, et en s'impliquant dans des causes sociales qui lui semblaient importantes. Ainsi, était-il membre d'organismes voués à la promotion du développement et de la paix dans le monde, aux organismes qui défendaient soit l'environnement, soit les droits de personnes vulnérables.

L'idée que je me faisais de Charles était celle de quelqu'un qui avait mené une existence stable et bien réglée. Il avait dû être bel homme dans sa jeunesse, mais d'une beauté sage sur laquelle sans doute, ne s'était-il jamais appesanti. Il racontait qu'il avait été soldat, qu'il avait participé à la Seconde Guerre mondiale. Rien en lui, cependant, n'aurait laissé deviner qu'il avait, de sa vie, été un combattant. De sa personne s'était toujours dégagé quelque chose de noble, une tranquillité, une gentille attention aux autres, un maintien irréprochable. Difficile de l'imaginer autre que dans sa vulnérabilité actuelle; difficile d'imaginer que ce visage accueillant avait dû un jour se crisper en faisant feu vers l'ennemi.

Dans le milieu communautaire, nombreuses sont les personnes qui, ayant complété leur vie active, s'investissent de façon bénévole. Les aînés —car ici au Québec, on n'utilise pas le mot "vieux"— représentent donc un atout important dans de multiples organisations. Il m'arrivait parfois de comparer l'attitude de ces aînés que je côtoyais : beaucoup d'entre eux éprouvaient le désir sincère d'apporter une contribution, certains ne cherchaient que la seule inclusion à un milieu social permettant d'esquiver la solitude. Et puis il y avait les autres, motivés par des intérêts particuliers, ou encore par le besoin d'agresser ou de dominer tout bonnement.

Dans mon pays d'origine, on croit qu'être vieux c'est être sage. Or, j'apprenais ici que ce n'était pas toujours vrai. Parmi les aînés, il y a des gentils, des savants, des érudits, des êtres charmants et élégants. Il y a également des insensés, des agressifs, des individus violents. Charles n'était définitivement pas de cette dernière catégorie. Ou serait-ce, qu'il fut un temps, au cours de sa jeunesse, il ait été autre que ce qu'on percevait de lui dans les années 2010?

« Descendant d'esclaves » avait dit Charles. Était-ce une tentative à l'humour, ou plutôt un relent de quelque préjugé d'antan dont il s'était probablement épuré en vieillissant?

Le fait est que, au-delà de mon étonnement, l'affection que je lui portais était demeurée intacte. Je connaissais son cœur; c'était tout d'abord un homme de bonne volonté, un homme aimable. C'était lui qui, de prime abord, avait opposé une attitude sympathique à l'agressivité du groupe à mon endroit. J'avais été engagée, en 2010, en tant que directrice générale dudit organisme communautaire, et d'emblée diverses interrogations avaient fusé de tous bords quant à ma compétence ou mon intégrité. Être femme et être noire : cela pesait peut-être lourd sur la perception de ses habitués. Ainsi, lors de la première réunion des membres, Charles avait été le seul à m'offrir un sourire, tandis que les autres me regardaient avec méfiance. Cette seule gentillesse m'avait été ce jour-là d'un support immense; ma reconnaissance lui était donc acquise pour toujours.

« Descendant d'esclaves » il avait dit. Et, sur le coup, j'étais interloquée. « Raciste! » auriez-vous pu lui lancer à la face, si vous aviez été à ma place. Raciste, avez-vous dit? Ah non, mais non, vous répondrai-je, il n'y avait rien de tout ça!

Il n'y avait vraiment rien de tout ça.

L’esclavage
ou
la violente insurrection des esclaves?

Non, je n’ai pas connu l’esclavage, à l’instar de mes contemporains de race noire. Nous n’avons pas vécu l’esclavage, cependant nous en subissons jusqu’ici les contrecoups. Encore et encore. Comme après un séisme majeur, de multiples répliques pourront survenir. Il semblerait que celles-ci soient, en fait, une manifestation des mouvements de rajustement. Une série de mouvements inquiétants, affolants même; des soubresauts effrayants sur la trajectoire d’une juste restitution. Seulement, combien de temps encore?

Je n’ai pas connu l’esclavage, mais je suis en effet descendant d’esclaves. L’esclavage, cette aberration cruellement subie par mes ancêtres, je l’ai seulement étudié dans nos livres d'histoire. Les actes perpétrés par une race envers une autre race, sous justification de supériorité. Des hommes, des femmes et des enfants traqués et trainés hors d'Afrique, arrachés à leur famille, vendus comme du bétail, mis aux travaux forcés, fouettés, violés, torturés, utilisés jusqu'à leur dernier souffle, voilà ce qu'avaient vécu, dans ce pays qui est le mien, lesdits esclaves. Bien entendu, jusqu'au jour où ces derniers décidèrent que ça n'allait pas durer pour l'éternité.

L'esclavage en Haïti prenait fin en 1794. Sur les plantations, la semence de la haine avait germé, la graine avait mûri; le temps de la récolte était venu. À l'arme blanche, les oppresseurs avaient été fauchés. Faut croire que d'un total désespoir peut surgir l'extrême brutalité. Ceux qui avaient longtemps été maltraités ne voyaient de choix que la liberté : la liberté ou la mort. Ils s'étaient armés de piques et de machettes puis, sans hésiter, avaient tué, saccagé, incendié. Et la France avait alors décrété l'abolition de l'esclavage.

Mais ce n'est qu'à l'issue de la bataille de Vertières, le 18 novembre 1803, que tout s'était joué. Les anciens esclaves, commandés par leur chef Jean-Jacques Dessalines, eurent raison des troupes napoléoniennes, mettant réellement un terme à leur asservissement. C'est ainsi que, le 1er janvier 1804, Haïti avait finalement déclaré son indépendance.

Vu d'ici, on pourrait vouloir croire qu'une telle violence faisait état d'une grande cruauté. Sans le moindre doute. Car toute violence est cruelle, et toute guerre est violente. Or il s'agissait là d'une guerre, une guerre livrée par des hommes qui croyaient avoir tous les droits, des hommes qui se croyaient tout-puissants et en position d'asservir une portion de l'humanité. Et à leur propre violence avait répondu une autre violence qu'on avait qualifiée de sauvagerie. Mais voilà, toute violence est sauvage!

On a souvent parlé de la rébellion des esclaves. Qu'on ne s'y méprenne pas, il s'agissait d'une guerre. Ravir des populations, les extirper du territoire natal, les réduire à la servitude et les soumettre à toutes sortes de tortures; cela équivalait bien sûr à un acte de guerre. Prétendre se justifier, par la soi-disant croyance que les noirs n'avaient pas d'âme et qu'ils n'étaient que des sous-hommes, ne saurait disculper les esclavagistes. De nos jours, la moindre violence contre un cheval, un chien, un chat ou contre d'autres animaux, est passible de sanctions très sévères. Pourquoi n'en serait-il pas de même, lorsque la pire des violences est commise contre des hommes?

Il s'agissait bien d'une guerre. De telles agressions de la part d'êtres humains à l'endroit d'autres êtres humains invitaient à la réciprocité. Et l'éclat de ces armes barbares avait reflété la haine la plus féroce, la plus hideuse, celle qu'avaient éprouvée les esclaves envers la cruauté des colons, celle qu'en fait on éprouve de part et d'autre dans toutes les guerres.

C'était une guerre.

Mais il est temps de revenir au présent

Oui revenir au présent
Revenir au bercail
Rentrer à la maison
Car nous avons enfin une maison
Pas qu'on y soit davantage en sécurité
Nulle part on n'est en sécurité

Un camion a dérapé de sa route
pour entrer de plein fouet
dans la chambre où dormaient des conjoints

Un avion en plein vol
est tombé
sur un immeuble d'un quartier résidentiel

Un glissement de terrain
a emporté quelques maisons
où un soir comme tant d'autres
des familles réunies regardaient la télé

Non
nulle part, on n'est en sécurité!

Mais rentrer malgré tout
Rentrer à la maison
là au moins on est loin des regards malveillants
loin de la méchanceté sans condition
loin de la haine omniprésente

Car la haine a gagné son pari
Elle a conquis les cœurs
et se propage comme une épidémie
Et la multitude enragée
boursouflée d'agressivité
est constamment à l'affût
d'un objet quel qu'il soit
un objet sur lequel
déferler l'animosité
et à partir duquel
catapulter sa haine

(Anna Fayonna - 2020)

Et la guerre de tous les jours, aux heures de pointe

On a souvent entendu que « l'homme est un loup pour l'homme », ce à quoi l'on a répliqué que « l'homme est un dieu pour l'homme ». Mais comment faire la part des choses? Serait-ce envisageable que la nature humaine, tributaire de la Nature même, ait hérité autant de son côté sombre que de sa lumière? Petite question métaphysique dont je ne débattrai pas ici.

Entretemps, l'existence de l'homme suit son cours. Vivre, c'est manger, dormir, s'abriter, se vêtir, procréer, bien se porter, et se plaire en compagnie d'autres êtres humains. Pour y parvenir, il faudra pourtant mettre la main sur une quantité suffisante des ressources de la terre. Nous accédons à de telles ressources, soit par la force, soit par des larcins, soit par la cession de l'équivalent monétaire desdites ressources. L'argent. Et pour le commun des mortels, l'argent est la seule contrepartie. Et nous ne l'obtenons qu'en transigeant notre temps, notre énergie, notre courage, et notre personne, à l'accomplissement de diverses besognes. Pour la plupart d'entre nous, il faut donc aller travailler.

Partir travailler, revenir de travailler; deux fois par jour, traverser le tumulte des heures de pointe! Lorsque l'on fait partie de la population active, c'est ce qu'on appelle un passage obligé, que l'on soit en transport public ou dans sa propre voiture.

Qui ne s'est pas un jour trouvé dans le trafic d'une heure de pointe? Qui serait ce béni des dieux? Qui est ce bienheureux? Celui-là, soit un innocent —jeune enfant, peut-être—, soit quelqu'un qui a payé ses dettes à la société —retraité, peut-être— apprécie-t-il au moins une telle exemption? Il faut avoir vécu l'heure de pointe pour en apprécier l'absence. C'est là, je crois, une béatitude des temps modernes. Car bienheureux, en effet, celui qui est exonéré d'affronter l'heure de pointe!

L'heure de pointe, c'est l'heure des pointes acérées, des instincts de belligérance, de couteaux aiguisés dans l'imaginaire de ces gens pressés. L'heure de pointe, l'heure de la haine de l'autre, l'heure des envies d'égorger ceux qui nous bousculent pour nous dépasser, mais aussi ceux que nous voulons dépasser et qui nous barrent le chemin. C'est l'heure où l'on est à l'affût, où l'on est sur le pied de guerre. Et l'on aurait tué très certainement, si ce n'était de la peur de la prison ou d'autres représailles.

Sur le quai, attendant le prochain métro, chacun s'épie du coin de l'œil; on se prépare à court-circuiter le petit intelligent d'à côté, qu'on soupçonne de se préparer, lui aussi, à entrer en premier dans le wagon. L'heure de pointe, c'est un champ de bataille où la sauvagerie de l'homme se réveille mais se retient, alors que dans les esprits surchauffés, se trament des scénarios d'élimination des passagers trop agressifs ou dérangeants. Une femme qui avait bousculé tout le monde afin d'attraper une des places les plus convoitées —car, dans les autobus et dans le métro, il y a de ces places les plus convoitées— pose maintenant ses pieds, chaussés d'espadrilles encrassées, sur le bord de la banquette placée en face d'elle, sans égard pour les personnes qui viendront s'y asseoir tout à l'heure. Un jeune homme reste assis sur un siège réservé aux personnes vulnérables, alors qu'une vieille dame toute frêle vacille en dépit de la canne supposée la soutenir. Une fille à la face espiègle tient bien haut son téléphone cellulaire, et les gens dans son champ de vision sans doute se demandent si elle les photographie, si elle se fait un égoportrait, ou si elle lit simplement quelques tweets —Oops!— quelques gazouillis.

Eh oui, que de bagarres éclateraient dans les transports publics si ce n'était de la perspective d'un coût à payer! Je me suis déjà fait asséner une bourrade par une femme qui voulait la place où j'allais m'asseoir. Elle avait plaqué ses deux mains sur mes pectoraux et m'avait poussée violemment. Cela aurait pu avoir de graves conséquences; par chance, j'avais rebondi sur cette foule de gens debout, ce qui m'avait servi de pare-chocs. Mais je peux deviner la question qui vous brûle : « Était-elle une...? ». Je ne vous laisserai pas la formuler. Il s'agissait d'une jeune femme noire, une femme qui était peut-être un peu dérangée. De la véhémence de cette attaque, et du fait de sa provenance, j'avais été doublement désarçonnée. Mais bon, c'était cela la vie du petit monde, la vie des petites gens dont je faisais partie, de celles qui se battaient —et qui se battent encore— pour tant de petites choses, telle une place à s'asseoir dans le transport en commun.

Oui l'heure de pointe, c'est un champ de bataille. Et l'on s'entretuerait sans même se questionner, comme on pourrait le faire toutes les fois où le segment des ressources limitées croise celui des besoins illimités. Car dans les bus ou les métros, il y a une multitude de candidats aux positions assises, et peu de sièges.

Mais, regardez là-bas : toute alanguie, blottie mollement sur la portière, cette fille-anguille dont le corps ne semble pas pouvoir se tenir, à moins qu'il ne soit fixé contre quelque chose! Elle ne sait sûrement pas qu'il est déjà arrivé qu'une porte de wagon s'ouvre dans un train en pleine marche.

L'heure de pointe du matin, dans les transports publics, c'est le champ de bataille des gens sans importance : ouvriers, employés de bureau, cadres de bas étage; sans oublier les petits décideurs, les superviseurs de sous-sols des hiérarchies corporatives, ou bien —comme moi— les dirigeants d'associations communautaires; tout un menu fretin combatif qui, plus tard durant la journée, transférera leurs frustrations à ceux qui travaillent sous leurs ordres.

Et puis, vient l'heure de pointe des fins d'après-midis, où l'on reprend la même guerre, cumulant la double frustration du matin et du soir, mais qu'on pourra, une fois rentrés chez soi, évacuer devant une série-télé en gobant un souper vite fait.

L'heure de pointe sévit également sur les routes, sur les petites rues ou sur les grands boulevards; compétition farouche entre véhicules de tous acabits, où les chauffeurs s'excitent, se klaxonnent, s'insultent, brandissent leur doigt du milieu, menacent de faucher des piétons imprudents, maudissent les feux de la circulation et se font grimper la pression, au risque de se faire une crise cardiaque.

L'heure de pointe, c'est l'heure de toutes les folies, l'heure où la sottise humaine est flagrante. Et, tout intelligent, tout lucide qu'on puisse être, on ne peut s'empêcher d'être partie prenante de cette vaste imbécillité. Puis enfin, l'on se dit que c'est profondément dans la nature de l'homme d'être des bêtes.

Après tout, l'homme est un animal.

Fou furieux la planète!

Ah, mais que fais-tu là?
Homme, que fais-tu?
Quelle démence, quel démon
a pris possession de ton être
pour qu'ainsi tu te livres à cette furie?
Tu ravages, tu anéantis
l'héritage que nous ont légué
ceux qui ont bâti au péril de leur vie
ce monde que tu voudrais accaparer

Par ton avidité à ne poursuivre
qu'un nirvana individuel
dont tu ne penses qu'à jouir
aux dépens de tout autre que toi
tu détruis les chemins
qui mèneraient peut-être
au paradis sur terre

Mais que fais-tu, mon frère?
Tu souilles par ton passage

les lieux sacrés de ton passé
l'air pur qu'ont humé tes ancêtres
tous les sentiers qu'empruntera ta descendance

Tu profanes tu salis
le bleu des océans
la verdure de tes champs
Et la terre tremble
et la terre se débat
sous tes pas furibonds

Ce monde que nous avons construit
que tu es sur le point de démolir
c'est celui de nos fils
c'est celui de nos filles
celui de tes propres enfants
ceux-là que tu prétends aimer
envers et contre tous

Que fais-tu, Homme?
Les animaux les plus féroces
ne s'entredéchirent
que par pure nécessité
pour leur survie

et pour leur territoire
Mais toi tu supprimes ton espèce
par simple convoitise
par folie du pouvoir

Animal il est vrai
nous le sommes nous aussi
Mais qu'as-tu fait de notre intelligence
qui surpasse de très loin
celle des bêtes?

Qu'as-tu fait de notre conscience
cette faculté qui n'est attribuée qu'à nous?
Qu'as-tu fait de ces privilèges
qui n'appartiennent qu'à nous?

Surtout abstiens-toi de répondre
« Je ne suis pas le gardien de mon frère »
un autre l'avait dit
il y a déjà longtemps

Mais toi changeras-tu?

(Anna Fayonna - 2020)

Un trop grand silence

Mon jeune frère était de ceux qui ne parlent pas d'eux-mêmes. Il avait hérité de la rigueur familiale, et l'avait maintenue tout le long de sa vie. Il n'émettait pas d'opinions, ne donnait jamais dans les racontars, ne discutait ni de ses peines ni de ses succès. Or, il avait bien réussi —financièrement parlant— en plus d'être bel homme et d'une élégance assurée. Il avait, sur le plan social, une popularité dont je n'avais point connaissance. Comment aurais-je pu m'en douter, alors qu'il laissait très rarement échapper quelques bribes de sa vie personnelle? Surtout, ce n'étaient que de bien bénignes anecdotes, qu'il vous relatait sur une intonation neutre. C'est que sa vie privée était quelque chose de vraiment privé.

Je l'avais appelé le premier jour de janvier 2017, pour lui souhaiter la bonne année. Il était absent, je lui avais donc laissé le message. Deux jours plus tard il me rappelait, et moi, je l'avais accueilli avec des rires qui exprimaient mon contentement. On ne se parlait pas souvent, alors quand cela arrivait, j'éprouvais un plaisir véritable. Je lui avais réitéré mes vœux, et il m'avait à son tour souhaité « la santé ». Il m'était vaguement passé à l'esprit qu'il aurait pu quand même bonifier ce vœu que je trouvais maigre, en ajoutant par exemple « succès, prospérité, bonheur, etc. ». J'avais seulement oublié que la santé était une chose essentielle; et jamais je n'aurais imaginé la suite qu'allait prendre cette conversation, dont j'avais anticipé le côté festif.

Mon frère et moi avions dû sans doute bavarder un peu, sur certains sujets anodins; dans nos entretiens, nous n'osions pas franchir cette réserve digne de comportements datant du XVIe siècle. Nous avions donc parlé un peu, mais tout souvenir de ce prélude s'est effacé de ma tête, laissant à ma mémoire l'entière latitude pour ce qui allait suivre. Après une pause, il avait entamé, d'une voix calme, dénuée d'émotion, ce genre d'annonce capable de vous transporter violemment de la jubilation au désespoir : « J'ai vu mon médecin ce 24 décembre; il devait me donner les résultats d'examens qu'il m'avait fait subir dernièrement. Enfin, il s'agit d'un cancer colorectal ». Une et deux secondes, puis il ajoutait : « stade 4 ». Et il concluait, presque en s'excusant : « Mon médecin m'a dit qu'il me fallait avertir mes parents proches, afin qu'ils puissent penser à se faire tester eux aussi ».

J'avais ravalé ce cri qui allait s'échapper de mes lèvres, et je n'avais pas hurlé.

C'était un moment grave, un moment de grand désespoir; il est resté empreint en moi quelque part. Non, je n'avais pas hurlé de douleur alors que mon cœur se brisait. Comment pourrais-je, en cet instant, m'appesantir sur moi-même, sachant qu'en dépit de son apparente tranquillité, la souffrance de mon frère avait dû être immense?

Au cours de l'année qui suivit, je m'étais fait un devoir d'aller à l'encontre de nos façons d'être, de me rapprocher de mon frère, me demandant comment être pour lui un support. C'était tout un effort, de passer outre les comportements que nous avions acquis dès le jeune âge. Je connaissais son tempérament indépendant, sa volonté de ne jamais déranger qui que ce soit; nous avions été éduqués en ces termes, donc je le comprenais. J'avais puisé quelques idées sur Internet, sachant fort bien que je risquais de le gêner. Je lui téléphonais chaque semaine, tout en me posant la question si je ne devenais pas trop insistante. Mais ça, je ne le saurai pas. Ce que je sais cependant, c'est que, pas une seule fois, il ne m'avait fait part d'un quelconque état d'âme. Et moi, malgré les interrogations qui brassaient dans ma tête, jamais je n'aurais osé me montrer indiscrète. Je me désolais; c'est tout ce que je pouvais faire. Je rageais de voir partir mon jeune frère, qui avait partagé mon enfance et vécu avec moi au début de sa vie d'adulte, mais qui restait pour moi une énigme.

Durant les dernières semaines de son existence, j'avais enfin pu entrevoir ce qu'avait pu être son train de vie. À l'hôpital, où je me rendais tous les jours en sortant du bureau, sa chambre était toujours remplie de ses amis français, argentins, québécois, ou d'autres, venus de divers coins du monde. Et moi qui l'avais cru sujet à la solitude! J'avais en fait compris qu'il s'était forgé une vaste famille, une famille qui m'était totalement inconnue. Sa chambre était pleine du matin jusqu'au soir, c'en était presque indécent. À certaines infirmières qui s'étonnaient, j'avais dû expliquer que mon frère était un danseur de tango très aimé. Ça, au moins, je le savais déjà.

Il m'était arrivé d'échanger quelques mots avec des membres de cette famille étendue que je découvrais. Il m'avait été clair qu'eux non plus ne connaissaient de mon frère que l'homme d'une grande politesse, l'homme dont la discipline se traduisait dans l'ordre et la netteté de sa maison, l'homme réservé qui, sur l'étiquette, ne commettait jamais d'impairs. Il ne faisait pas de faux pas. Il avait toujours été important pour lui de ne pas ennuyer ni déranger ceux qu'il côtoyait; ainsi, jusqu'à ses derniers moments, il s'était fait un devoir de badiner avec ses amis. L'un d'entre eux avait une fois lancé à la blague : « Comme ça, mon vieux, tu obtiens gratuitement ta morphine, hein? Ah, chanceux que tu es! ». Mon frère avait trouvé ça drôle et avait ri. Nul n'aurait soupçonné son désarroi, si moi, je ne l'avais pas un jour surpris le regard dans le vide. Il avait sursauté en me voyant près de lui, et il avait admis dans un murmure : « J'étais perdu dans mes pensées ». À cet instant, j'avais aperçu qu'une larme lui glissait sur la joue. J'étais déconcertée, comme je l'aurais été si je m'étais trouvée par inadvertance devant sa nudité. J'avais vite détourné les yeux, afin qu'il ne se rende pas compte que j'avais vu.

Un matin de novembre 2018, mon téléphone avait sonné vers 6 heures. J'avais compris tout de suite que mon frère venait de quitter ce monde. Je m'étais vite rendue à l'hôpital, il était encore dans le lit. Dieu, qu'il paraissait reposé! Je l'avais embrassé sur le front, et lui avais soufflé à l'oreille : « Oui, tu as bien fait ça ». Au cœur de ma douleur, j'éprouvais comme une fierté, de ce qu'il n'ait pas fait de sa détresse un spectacle douteux. Il avait été impassible jusqu'au bout, en dépit des souffrances, et, sans doute, du regret bien légitime de partir aussi jeune, d'abandonner ses rêves d'avenir. J'ose espérer que, moi aussi, je saurai me comporter avec autant de dignité, lorsque viendra mon inévitable moment.

Oui, je ne peux qu'espérer être à sa hauteur.

Aujourd'hui, quand je pense à tout ça, je suis encore submergée de tristesse. Et je me dis qu'il aurait été bon d'avoir su partager nos opinions, nos émotions, ou certaines de nos pensées intimes. Je me demande alors avec regret : « Mon frère, mais qui donc étais-tu? »

Y a-t-il quelqu'un quelque part pour répondre à cette question?

L'adieu

Des funérailles
Un moment imposant
Moment sérieux
où l'on est confronté
à notre existence éphémère
à la précarité de l'être
à l'aspect dérisoire
de tout ce qui est entrepris sous le soleil.

Une femme
Un homme
Quelqu'un dont le temps est échu.
Partir sur la pointe des pieds
Départ inopiné
Et pour tous ceux qui sont restés
la certitude amère
de ne plus le revoir.

Partir sans dire adieu
Partir
mais quitter derrière soi
la dépouille
dont se chargera une foule éplorée.

(Anna Fayonna - 2012)

Discussion autour d'une mort annoncée

Dans le mois précédant la mort de mon frère, j'avais dû faire face à un aspect de la réalité humaine qu'à aucun moment, durant cette période, je n'avais prévu. Trop absorbée par l'angoisse de la fin inévitable de cet être que j'aimais, et dont j'étais si fière, pas un seul instant il ne m'était passé à l'esprit que de possibles considérations monétaires feraient surface. Pourtant, voici qu'elles surgissaient au beau milieu de ces circonstances douloureuses.

Alors que mon frère gisait là —attendant qu'une ambulance vienne le transporter de son domicile vers l'hôpital— et que je constatais avec effroi la rapide détérioration de son état, une de ses amies s'était approchée pour me faire une requête que, sur le coup, j'avais trouvée abasourdissante. Elle m'exposait le fait que certains paiements étaient en suspens, que d'autres dépenses allaient être nécessaires, mais que mon neveu, fils unique de mon frère, n'avait pas les informations permettant l'accès à ses comptes bancaires. Elle me suggérait d'essayer de les obtenir; ce qui m'avait fait l'effet d'un réveil brutal.

Il est vrai que j'avais déjà entendu des histoires déplaisantes. Par exemple, un homme, dont la femme trépassait à la fin d'une longue maladie, n'avait eu d'autre réaction que d'ordonner à son fils de courir vite à la banque de cette dernière, et de récupérer tout l'argent du compte. Autre exemple : des membres d'une même famille qui, au lieu de pleurer le parent qui venait juste de mourir, se querellaient sur le partage de minables biens meubles. « À qui le sofa du salon? », « À qui le téléviseur? », « À qui la petite chaîne en or? », « J'avais toujours pensé que l'argenterie me reviendrait », « Mais la voiture, elle est à moi! », « Non, mon cher, ça, c'est non; c'est à moi qu'elle revient », etc. Mais, Dieu du ciel, y avait-il seulement quelqu'un pour pleurer le défunt?

Ma première expérience, quant à ce mixage insipide du deuil et des intérêts, remontait à plus d'une vingtaine d'années. Une femme dans la cinquantaine, que je connaissais plus ou moins, avait subitement perdu son mari. Crise cardiaque foudroyante. Elle était sous le choc. Je me mettais d'emblée à sa place, réalisant à quel point ce serait, pour quiconque, un épisode difficile à vivre; une perte si soudaine de quelqu'un qu'on aimait, et avec qui on avait, durant longtemps, tout partagé. J'avais donc été lui rendre visite, me disant, qu'au fond, rien de ce que j'aurais pu dire ne pourrait la réconforter. J'étais moi-même consternée, mais j'essayais au moins de trouver quelques mots d'apaisement. Elle avait pleuré un moment, puis m'avait regardée en déclarant : « C'est trop triste! Mais, une chance qu'il avait une bonne assurance; ça, tu vois, ça console ». Cette phrase m'avait longtemps tourmentée.

Naïve, je ne l'étais plus; j'avais seulement oublié ces histoires, ayant cru que ça ne pouvait qu'être des comportements rares et anormaux. Je me rappelle avoir instruit mes enfants, dès leur jeune âge, à ne jamais se disputer pour des biens, ni se battre avec qui que ce soit pour d'éventuelles questions d'héritage. Je sais qu'en ce sens ils seront dignes. Certains diront que je suis une idéaliste, ou pire encore, une idiote; mais j'avais toujours pensé sincèrement, que toute autre personne plus ou moins éduquée verrait les choses comme moi. Ainsi, comment aurais-je imaginé qu'un tel spectre se glisserait un jour parmi des gens que j'aurais eu à côtoyer? Surtout dans un moment pareil, où aucune autre préoccupation que l'état de mon frère ne pouvait m'effleurer.

J'avais vécu cette conversation sur l'argent comme une trahison. Comment pouvait-on regarder souffrir ceux qu'on aime, sur leur lit de mort, et penser à leur banque? Peut-être que c'est moi qui n'avais rien compris. Peut-être alors que c'était dans l'ordre des choses. Ainsi, j'avais caché ma déception. Et j'avais seulement répondu ce qui était une pure vérité : « Ah non, moi je n'ai jamais eu ce genre de conversations avec mon frère! Et ce n'est pas maintenant que je vais commencer ».

À l'hôpital, ce soir-là, s'était animée une discussion, directement entre les prospecteurs d'une éventuelle succession et le malade, en dépit de son état. Selon eux, il ne passerait pas la semaine; il leur fallait donc lui soutirer des renseignements coûte que coûte. Et les assurances? Et puis, la maison? Et les cartes de crédit? Et les comptes en banque? Et les investissements liés aux régimes de retraite? Où étaient les papiers? Y avait-il un testament? Etc. Moi, j'avais conclu qu'un tel démêlé ne me regardait pas; tout cela ne pouvait concerner que son fils. Je m'étais donc écartée, loin de la tenue de cette entrevue.

Plus tard, encore pleins d'amertume, ils m'avaient raconté que mon frère leur avait répondu : « Mais, vous ne pensez qu'à ça? ».

C'est que cela avait dû être pour lui une révélation. L'ultime révélation. Finalement, il était resté égal à lui-même et avait signifié que c'était une affaire privée, et que tout tomberait en place, comme il se doit, lorsque le temps viendrait. N'était-ce pas ironique? Lui, quelqu'un de tellement privé; bientôt, ses moindres affaires personnelles allaient devenir les affaires de tout le monde.

Contrairement à leurs prévisions, mon frère avait tenu le coup trois semaines de plus. Son fils, mon neveu, s'était occupé de son père pendant quelque temps, mais ses fonctions d'ingénieur informatique ne lui permettaient pas de s'absenter indéfiniment. Alors, ma sœur était arrivée des États-Unis pour prendre soin du malade qu'on avait retourné à domicile; elle s'y était dévouée corps et âme. Mon autre frère avait pris, lui aussi, un congé de son emploi à Québec, pour venir prêter main-forte.

Dans les derniers jours, un retour à l'hôpital s'était imposé. Mon frère y était resté jusqu'à sa mort. Le jour du décès, ma sœur ainsi que moi-même avions cru de notre devoir de participer aux démarches entourant la préparation de ses funérailles. Ce fut une belle cérémonie clôturant deux jours de veillée funèbre. Après la mise en terre, les membres de la famille et les amis s'étaient réunis pour une réception. Dans cette vaste salle, où trônait la photo de mon frère, une cinquantaine de danseurs de tango lui avaient offert une dernière danse.

Les célébrations une fois terminées, nous nous sommes vite éclipsées, ma sœur et moi, et n'avons jamais cherché à savoir ce qu'il en a été de la succession. Cela ne nous concernait pas, cela ne nous regardait pas. Notre frère seul comptait pour nous.

Vanités des Vanités

Vivre
Vivre bien
Vivre mal
Qu'importe?
Mourir
La seule issue!

Mourir pauvres
Mourir dans l'opulence
Mourir dans ses haillons
ou couvert de médailles.

Partir
Partir une fois pour toutes
Laisser derrière soi les trophées
Les honneurs dont les survivants
voudront s'approprier.

Partir
Sans espoir de retour

Partir bien malgré soi
Quitter ses biens
Quitter ses beaux atours
Ne plus revenir dans la résidence
pour laquelle on a tant lutté.

Partir
Filer vers le néant
ramener avec soi
lors de notre départ
tout un cumul de connaissances
et une intelligence dont on a été fier.
Puis il ne restera de soi
qu'un souvenir qui s'estompera
qu'on fera sans doute ressurgir
dans les foires du dimanche
dans les réunions de salons
pourvu que cela contribue
à la notoriété des survivants.

(Anna Fayonna - 2012)

De l'amour et des âges

Et voici qu'une femme, ayant franchi la soixantaine, se voit courtiser par un joli mec début quarantaine. Hum...

Hormis le premier réflexe, qui aurait dû être de fuir, se supplée l'alternative de s'armer de courage, et de foncer dedans. Dedans? Dans une relation qui suscitera à coup sûr son lot de questions et d'insinuations : des questions venant d'abord de notre part, sur la motivation du mec, et sur l'avenir conjugal; puis des insinuations, plus ou moins subtiles, venant de ceux-là mêmes qui nous sont proches.

Mais il nous faudra également garder notre sérénité, vis-à-vis d'une série d'observateurs plutôt désobligeants, à qui nous pourrions certainement suggérer : « Écoutez, si vous n'aimez pas ce que vous voyez de ce côté-ci, eh ben, tournez-vous donc vers un autre côté, là où il vous parait tout à fait normal pour un homme de soixante-quinze ans d'épouser une femme de trente ans ».

« Fuis! » m'étais-je dit
« Ne regarde point en arrière! » m'étais-je dit.

Mais, il arrive pourtant qu'une curiosité, une fascination même, nous pousse à tourner la tête, que nos résolutions alors se dissolvent, comme un simple carré de sucre dans l'eau chaude. Puis, l'on ne peut que s'adoucir, par la touchante image d'un gars nous suivant de ses grands yeux expressifs. C'est à ce moment-là qu'on va simplement cesser de courir pour le fuir. C'est surtout à ce moment-là qu'on devrait peut-être se dire —ou bien ne pas se dire : « Merde! Bonjour problèmes! ».

Cet amour-là

En ce mois de décembre
où sur des panneaux rouges
des clochettes dorées
nouées aux rubans verts
annoncent l'arrivée de Noël
Propulsé de quel décor saugrenu
lui il m'est apparu?

De quel enfer
ou de quel paradis
s'est échappé cet être singulier
qui errant dans tous les recoins
a fini par croiser mon passage?

De quel éclat
avais-je dû briller ce soir-là?
Quelle faille en moi devinée
ou détectée par son radar?

Telle une proie qui sans se douter
invite son prédateur

à mon insu j'ai capté l'attention
de celui même qui me perdra

« Maintes fois je t'ai vue » m'a-t-il dit
« Moi qui jamais ne parle aux étrangers
je n'ai pu m'empêcher de t'aborder »

De quel enfer
ou de quel paradis
cet ange du ciel
ou bien cet ange déchu
a frayé son chemin vers moi?

Ange du ciel
ou ange des abîmes?
car ce ne peut être qu'un ange
Il est beau
les démons eux sont laids

Non, ce ne peut qu'être un ange
Moi qui d'usage file droit devant
imperturbable, irréprochable
indifférente aux visages alentour
déjà se lève en moi

un tumulte soudain
une joie inquiétante
un chatouillement qui me fait craindre
quelques intempérances canailles
des élans ridicules
des débordements méprisables
résultant d'un manque de contrôle
Et le sourire que je tiens à dissimuler
se délie malgré moi
livré aux regards étonnés des passants

Puis il a murmuré
« J'ai tant pensé à toi »
En moi que plus rien n'émouvait
ces mots ont résonné
réveillant quelque sentiment oublié
un relent des ravissements d'autrefois
Et mon âme élabore ce poème
où douceur rime avec frayeur
un de ces horribles bonheurs
annonciateurs de pleurs

Et déjà je le sais
tu me diras « je t'aime »

Et déjà je le sais
mon cœur va chavirer
car tu l'emballes déjà
tel un cadeau que tu comptes bien t'offrir
une fantaisie
un caprice comme un autre
un jouet dont tu te lasseras
et que tu remplaceras sans égard

Mais déjà il s'emballe mon cœur
Dans ce tout nouveau rêve
je t'ouvre grand les bras
et mes mains se tendent vers toi
Oui il se trouble mon cœur
il s'agite et il court à sa perte
à moins qu'il ne courre
pour te fuir

Car c'est une histoire belle
qui se fera une histoire triste
d'une vaincue d'avance
d'un vainqueur malheureux

(Anna Fayonna - 2018)

L’ange malheureux

Cet amour-là! Enfin, tant de rebondissements! Cet homme que j’ai aimé, que j’ai beaucoup aimé, il était gentil, tendre, attentionné et affectueux. Mais notre amour n’a pas duré. Une fois, au cours d’une entrevue télévisée, j’avais entendu une personnalité importante affirmer que « l’amour se fane et que le bonheur s’use »; une autre phrase qui m’avait torturée. J’aurais préféré croire qu’un amour va durer, avant de finir par s’user.

Mais voilà, cette différence d’âge me classait dans cette race de femmes qu’on qualifie de cougars, une dénomination que certaines trouvent offensante. Mais bon, ce n’est qu’un simple mot —à connotation agressive, il va de soi— désignant une femme qui ose se mettre avec un homme plus jeune. Le phénomène, cependant devenu très “tendance” de nos jours, fait encore sourciller le commun des mortels. Une copine m’avait, un jour, raconté en ces termes l’histoire d’une femme plus âgée que son homme : « Cette sorcière ne s’était pas gênée pour mettre ses griffes sur un jeune ange! ». Sérieux? Tu veux dire comme pour un prédateur et sa proie? Une femme et un homme; tous les deux, adultes et consentants? Hum...

Dans certains milieux, trop souvent une femme devient la pire ennemie de la cause féminine.

Chez les célébrités, par contre, la cougar provoque un sourire; bien des femmes la perçoivent comme une influence bénéfique. Et puis, on les répertorie de plus en plus. Nullement intimidées, elles s’affichent; le commun des mortels commence donc par s’y habituer. Qui sait, un jour peut-être, une relation entre un homme et une femme plus âgée deviendra tout à fait banale, comme pour ces hommes dont les femmes ou les maîtresses comptent de trente à cinquante années de moins.

Pourtant, dès les premières minutes lors de notre rencontre, je m'étais enquis de son âge, qu'il m'avait affirmé se situer au début de la quarantaine. « Si jeune? » avais-je pensé. Je l'avais regardé droit dans les yeux, puis lui avais aussitôt jeté mon chiffre à moi. J'avais ainsi espéré le chasser, de même que par un simple geste on faisait fuir un animal envahissant. Et sur le coup, il avait été très surpris; mais s'étant vite ressaisi, il avait répliqué : « Pourquoi les femmes noires sont si fermées sur elles-mêmes? L'âge n'est qu'un simple numéro. Regarde Emmanuel Macron et sa femme. Et il l'adore, sa femme ».

« Mais, regarde Macron et sa femme! »; c'était l'argument que me plaquait l'ange au visage, chaque fois que je lui rappelais notre différence d'âge. « Nous ne sommes certainement pas Macron et sa femme » répliquais-je. Il se jetait alors sur ses genoux en me répétant des je t'aime, comme une chanson à l'infini. La vision d'un homme à mes pieds avait de quoi surprendre, et pas nécessairement de façon positive. Cette réaction excessive me donnait la malencontreuse impression qu'une pièce théâtrale était en train de jouer dans mon salon. Sans doute aurais-je dû m'attendrir, l'en aimer davantage. Pourtant ces épisodes me paraissaient burlesques, et particulièrement embarrassants.

Étaient ensuite arrivées les grandes quantités de bouteilles de vin, et la soûlerie avec. Mais, entre deux beuveries, l'émouvante douceur d'un homme adorable m'incitait à pardonner. Puis, dès le début des weekends, retour en force de l'alcool. Alors, grand changement dans le tempérament : cet homme si charmant devenait grandiloquent, carrément outrageant, avant de sombrer dans une totale incohérence. Et puis, les journées subséquentes étaient naturellement dédiées au lent rétablissement qui suit les gueules de bois; il restait alité dans l'obscurité, durant des heures et des heures.

Or, s'étaient ajoutées d'étranges manifestations de possessivité, suivies parfois d'agressivité ou de menaces de suicide. « Je ne veux pas qu'un homme regarde ma copine! », et puis ce terrible

« Si je te perds, je meurs! Si tu me quittes, je me tue! ». Cela fait tout un effet de s'entendre dire quelque chose comme ça. La charge de son existence même reposait tout à coup sur mes épaules; et c'était extrêmement lourd à porter.

À la longue, je ne pouvais que réaliser l'incapacité de cet ange à accepter la moindre responsabilité. Ses sentiments, ses actions ne pouvaient, selon lui, résulter que de facteurs externes : son alcoolisme se justifiait par la mauvaise influence que représentaient ses amis; les conflits, qu'il semblait attirer constamment, s'expliquaient du fait qu'il était souvent victime de la méchanceté des gens qu'il rencontrait; quant aux actes répréhensibles qu'il avait pu commettre, il acceptait de s'en excuser, mais croyait que c'était aux autres de se débrouiller pour lui accorder un pardon inconditionnel.

Pire encore : j'avais découvert qu'il mentait de façon compulsive. À moi qui ne lui posais jamais de questions, il formulait mensonge après mensonge; et ça, à propos de n'importe quoi. Il vous inventait une histoire sur sa noble famille basée quelque part en Afrique, ou bien vous affirmait qu'il était au supermarché en vous parlant au téléphone. Or, le lendemain, il vous racontait une anecdote qui démentait son histoire de la veille, et vous appreniez qu'il n'était pas du tout au supermarché, mais à la Société des alcools. Je faisais semblant de ne rien remarquer, mais disais en moi-même : « Merci mon Dieu, ce gars-là se contredit; il est en train de révéler sa vraie nature ». Je déduisais que cet homme qui partageait mon intimité n'était qu'un tissu de faussetés, et ma confiance en lui s'était effritée. À un point tel que ses paroles —dont la trame aurait pu faire croire à tant de bonne foi et de logique— résonnaient désormais en moi comme le battement d'un vent qui passe.

Lorsque la confiance disparaît, l'amour ne peut que se détériorer. Pour moi, c'était déjà la fin d'une histoire. Pour lui, le début d'un désespoir. J'avais décidé qu'on arrêtait de se fréquenter, et dès lors, mon téléphone s'était mis à sonner nuits et jours, à quelques minutes d'intervalles.

Quand, par fatigue, je finissais par répondre, c'était pour écouter des insultes, des pleurs, des injonctions, des mots d'amour, et encore des insultes qui me pleuvaient dessus. Il m'accusait même de lui avoir insufflé, par un quelconque procédé paranormal, cet amour qu'il ne maîtrisait pas : «Toi, tu m'as fait quelque chose; oui, tu m'as fait quelque chose. Qu'est-ce que tu m'as fait?». Il ne se reconnaissait pas la moindre responsabilité dans ses propres sentiments.

Le téléphone retentissait sans cesse. Chaque sonnerie —même celle provenant d'un film à la télévision— me mettait en alerte. Je sursautais à longueur de journée. Je vivais au gré des colères récurrentes provoquées par un tel harcèlement, et ma pression artérielle atteignait des sommets. Ainsi, une grande appréhension avait remplacé toute possibilité d'affection dans mon cœur, car je pressentais qu'un drame s'annonçait.

Un matin, après une nuit blanche farcie aux multiples sonneries du téléphone, j'avais saisi avec rage le récepteur, et j'avais déversé sur lui tout mon fiel. Je ne me reconnaissais plus; je n'avais jamais entendu ce timbre de ma voix; j'ignorais que je pouvais en tirer un tel son. Des mots que je savais ne pas être de mon vocabulaire, des bêtises en tous genres, s'égrenaient spontanément. Et lui, il avait été fort surpris; lui, il était resté sans voix. Puis j'avais raccroché avec fracas.

J'étais en train de me demander si, par hasard, je venais de succomber à un accès de démence, lorsque le téléphone sonna à nouveau. Évidemment qu'il avait osé me rappeler. J'étais alors si honteuse, si désorientée par ma récente performance, que je ne voulais plus me laisser sombrer dans cette version démoniaque de moi-même. J'avais donc décroché, sachant que, sinon, l'affolante sonnerie risquait de se répéter à l'infini. Étonnamment, tout contrit, il s'était excusé de son comportement, promettant que, jamais plus, il n'agirait avec autant d'impulsivité. J'avais gardé le silence, alors que se ranimait en moi l'incroyable turbulence. Il avait continué à parler, sur un ton particulièrement doux; puis, après une pause, il avait ajouté : « Mais tout à l'heure, au téléphone, cette furie; ça, ce n'était pas toi! ».

Je ne sais pas pourquoi, en repensant un peu plus tard à cette colère incongrue, j'avais éprouvé une étrange fierté.

Mais qu'est-ce que cette histoire qui ne veut pas mourir? Ce sentiment qui d'un côté résiste, avec moi, de l'autre côté, souhaitant qu'il n'ait jamais eu lieu. Et ce tout nouveau rêve que je caresse, de voir cet homme tomber amoureux d'une autre que moi; puis le souhait qu'il se trouve un bonheur auquel je ne participerai pas. Pourquoi donc ai-je l'intime conviction que si j'avais été animée de passion à son égard, Il se serait sûrement depuis longtemps désintéressé de ma personne? Serait-ce encore cette danse absurde de l'amour : « Quand tu m'aimes, je ne t'aime pas; si tu ne m'aimes pas, je t'aime ». C'est une chanson folle que j'avais oubliée, de même que la réalisation du sombre dénouement que j'avais prévu. Ah, triste histoire qui ne veut pas finir!

Plus d'un an a passé. Et puis, la Covid a frappé. Le téléphone, lui, ne connaît pas de virus. Les « Je veux te voir! », « Toi, tu veux me punir », et « Ça, ce n'est pas juste » me poursuivent; je n'en vois pas la fin.

Pourtant, quelle confusion des sentiments s'attarde en mon esprit? Au-delà de ma certitude de ne point vouloir revenir sur cette décision de rompre, il arrive que parfois je me souvienne d'un élan affectueux, d'un geste spontané, d'une conversation, ou d'un simple regard. Et je me dis alors que je connais son cœur, qu'il a vraiment bon cœur en dépit de toutes ses faiblesses. J'aurais, dans de tels moments, souhaité dire : « Bien sûr, je t'aime toujours, mais pas comme tu l'aurais voulu. Et j'abdique de la scène amoureuse, car je n'ai plus l'énergie d'autrefois, ni d'appétit pour la passion, ni une tolérance aux drames sentimentaux ». J'aurais souhaité lui dire tout ça; seulement, il ne comprendrait pas. Ainsi, je ne peux espérer qu'un secours : l'avènement de l'oubli, cet apanage du temps lorsqu'il s'étend.

À travers les âges

C’était un autre temps
C’était un autre lieu
L’amour fou
La grande passion
Celle qui ne portera qu’un visage.
Un seul visage
à un moment précis:
dans la cour du collège Saint-Pierre
lors d’un tournoi de volley-ball.

Et dire qu’on m’a souvent
accusée d’être froide!
Ce jour-là je l’ai adoré
l’homme qui comptait deux fois mon âge
et qui aujourd’hui n’est plus de ce monde.

C’était le début
d’un parfait amour!
le début du plus grand amour

un amour chaste et pur
qui très longtemps plus tard
s'est changé en amour adulte.

On m'accuse d'être froide!
Le serais-je devenue?
Ou bien serait-ce qu'un grand amour
ne frappe qu'une fois?
Et que les autres fois
n'en sont que parodies?

Bienheureux dans ce cas
ceux qui ont vécu la grande passion!
Bienheureux
ceux qui n'ont connu
qu'un amour
et qui ont su le mener à bon port!
Car moi je n'ai pas pu

Une cour de collège
et un tournoi de volley-ball
Un bel homme dans la fleur de l'âge
qui vient rencontrer une fille
à peine échappée de l'adolescence

Ainsi avait commencé
l'indomptable passion!
Et aujourd'hui encore
si je ferme les yeux
je peux clairement le voir
cet homme qui vient vers moi
son complet bleu marin
tranchant le tourbillon des uniformes bruns

Si je ferme les yeux
je revois son visage qui s'approche
Et tout comme autrefois
pour moi le temps s'arrête
Et, comme jadis, j'entends et je ressens
les battements fous de mon cœur amoureux!

(Anna Fayonna - 2012)

En temps de pandémie

L'arrivée de 2020 avait été prometteuse. Superstition peut-être : du double 20 on avait anticipé quelques miraculeuses manifestations. Mon ex-mari, qui est médecin, présentait à chacun ses vœux du Nouvel An, en rappelant que les optométristes annotaient 20 sur 20, comme diagnostic pour une vision parfaite. Cela augurait bien. Puis, d'un autre côté, les doubles chiffres ne surviennent qu'une fois par siècle; l'on se sentait très privilégiés d'être témoins d'une telle année.

J'avais lu quelque part : « L'homme planifie, Dieu rit ». Tout semblait aller normalement dans le monde. Comme à l'habitude, chacun prenait ses résolutions, espérant les tenir pour de bon. Je m'étais promis de me remettre en forme, de faire travailler mes articulations et de me façonner des biceps à la Michelle Obama. Je n'étais pas à ma première tentative, en ce qui est des bras. Il y a quelques années, j'avais pu obtenir un résultat encourageant. Mais lors d'un barbecue estival, où j'avais eu l'occasion de les mettre en évidence, je ne sais quelle bestiole m'y avait infligé une morsure et avait engendré une tache disgracieuse. Contrarié, mon petit coup de vanité! Ce n'étaient pourtant que de vagues prétentions vénielles, un simple sursaut d'orgueil, et j'avais travaillé dur pour affermir ces bras-là. J'étais découragée; j'avais alors levé les yeux au ciel, pour essayer d'apercevoir les dents de Dieu qui rigolait.

Là, une prière s'impose :

Seigneur, je te prie de ne pas me taper sur les doigts pour cette impertinence. Tu sais bien que je t'aime, comme je sais que tu m'aimes. Et puis, tu as sûrement d'autres méchants à fouetter.

Tous, en tant qu'êtres humains, nous avions nos plans pour l'année 2020. Bien sûr, par les nouvelles télévisées, nous apprenions qu'une invasion de sauterelles avait ravagé des régions agricoles en Afrique, et qu'une autre épidémie au coronavirus sévissait en Chine; cela semblait si loin de nous. Nous étions étonnés, mais restions plus ou moins indifférents, notre esprit tourné vers la série Netflix ou la série Prime d'Amazon en cours, vers les personnalités que nous suivions sur Tweeter, les activités au programme pour le lendemain, l'augmentation de salaire que nous comptions briguer, l'évolution des querelles interpersonnelles, la stratégie pour appâter cet homme ou cette fille qui nous plaît, le prochain voyage durant la période de relâche, la préparation des festivités à venir pour l'anniversaire d'un parent ou d'un ami, ou encore un vaniteux projet beaux-bras, dans le seul but d'en faire un show l'été suivant. Dieu souriait sans doute, connaissant déjà de quoi serait fait demain. Et nous, nous étions sûrs de nous; sûrs d'avoir plein contrôle en envisageant l'avenir.

Alors Mars 2020 s'était pointé, et l'annonce implacable par l'Organisation mondiale de la

Santé que le monde entrait en « Uncharted territory », et qu'il s'agissait d'une pandémie!

« Uncharted territory » avait déclaré Tedros Adhanom Ghebreyesus, directeur général de l'OMS. En territoire inconnu! Mais c'était l'appellation « Pandémie » qui frappait de son poids l'humanité. Qui aurait pu imaginer qu'un simple mot allait mettre une planète à genou? En un instant, notre vie avait basculé, et nous, les humains étions hébétés, désemparés, paralysés mêmes, à l'affût de consignes pour nous apprendre à cheminer dans l'Uncharted territory.

En un moment, le monde avait changé. Ce virus meurtrier porterait désormais un nom : la Covid-19. La plupart des institutions avaient demandé à leurs employés de rentrer chez eux et d'y rester, la plupart des commerces avaient dû s'interrompre, et les gens étaient contraints à se confiner pour un temps indéterminé. Les frontières entre pays se barraient, les hôpitaux débordaient, les morts s'empilaient, la peur s'installait. Et pendant un instant, tout avait semblé s'arrêter, même la toxique animosité entre les partis politiques. Mais ce n'était que le début de la pandémie.

Dehors, quand on devait s'y aventurer pour nos sorties essentielles, nos regards ahuris n'osaient se poser sur personne. On s'évertuait à être conformes à l'avis de deux mètres de distance; c'était tout un apprentissage! Des personnes avec qui l'on sympathisait préalablement, nous fuyaient ouvertement. Pas même la délicatesse d'un bonjour! Puis, de retour à la maison, on suivait religieusement la recommandation du lavage des mains à répétition, ensuite l'on courait aux nouvelles télévisées s'informer sur les chiffres des nouveaux cas et le cumul des décès.

Or, à travers ce tumulte, un symbole d'espoir s'affichait aux fenêtres ou sur les murailles de nos villes : l'arc-en-ciel. Et un slogan avait trouvé son chemin vers nos lèvres : « Ça va bien aller! », parallèlement à ce constat : « Ce ne sera plus jamais comme avant! ».

De la fenêtre du salon, j'allais de temps en temps contempler le fleuve Saint-Laurent. Seule une autoroute sépare notre immeuble de sa rive. D'habitude, fourmillant de ferrailles rutilantes et vrombissantes, l'Autoroute 20 n'était plus que bitume à perte de vue. Un tel dépouillement me rappelait ces films post-apocalyptiques; et ce silence inaccoutumé me semblait autant bienfaisant qu'inquiétant. Un peu plus loin, une masse d'arbres vivaient paisiblement leur vie d'arbres. Mon regard revenait alors vers le fleuve; il portait sa couleur bleue, d'une impeccable tranquillité. Cette évidente sérénité du paysage paraissait vouloir nous instruire que la Nature suit son cours, indifférente aux angoisses humaines.

Ce confinement incitait à la réflexion. Stupéfaits, nous avons vu le très grand nombre de décès de personnes âgées qui logeaient dans des centres d'hébergement, à travers le monde. À tel point, que certains milléniaux avaient osé donner le surnom de « Boomer remover » à la Covid-19. Nous apprenions également que de nombreuses célébrités avaient contracté le virus, et que plusieurs en mouraient.

Alors, et nous, serons-nous encore là demain? Serai-je là encore demain? Peut-être bien qu'était venu le temps de tendre la main à ceux que nous avions délaissés, de rappeler ceux que nous avions oubliés, d'écouter ceux qui auraient besoin de nous parler, d'offrir notre pardon à tous ceux qui nous aiment et que nous avions écartés. Peut-être bien qu'était venu le temps pour l'humanité de réaliser que nous sommes connectés, que nous sommes tous semblables, et que seulement l'amour nous sauvera. Mais bon, nous n'étions qu'au début de cette pandémie...

Imagine ce qu'il te dirait...

Où donc es-tu Leila?
N'entendras-tu pas celui qui t'attend
Et qui au fil des ans
Implore ton pardon et murmure:

Reviens, ma Leila
Ça fait dix mois déjà
Que tu as quitté notre nid
Une erreur de ma part
Bévue monumentale
Simple bêtise pourtant
Que tu n'as pas su pardonner

Reviens-moi, Leila
Voici dix ans passés
Je n'ai pas cessé de penser
Que tu me reviendras
Et à chaque printemps
Je me mets à t'attendre
Guettant le bruit des pas
Qui semblent s'approcher

Ô reviens, Leila
Quarante ans ont passé
Et la vie a passé
J'ai compté chaque étoile
Questionné chaque lune
Reviendras-tu un jour Leila?

Si tu savais, ma Leila
Toute une vie vécue
Et tu n'étais pas là
Les guerres ont incendié les villes
Les hivers successifs
Ont refroidi mes os
Et refroidi mon âme
Mais ce printemps encore
Mon espoir renaissait
De te voir revenir

Puis à ta place
Un fléau plutôt est venu
Un affreux mal
Une contagion
Qui risque de tout effacer

Dis, nous reverrons-nous Leila?
Nous reverrons-nous sur cette terre
Ou bien là-haut au paradis?
Car une éternité sans toi
C'est l'éternité en enfer
Pour payer un moment
Un simple égarement
Une étourderie de jeunesse
Me reviendras-tu Leila?

Intergénérationnel

J’avais reçu, comme une gifle, ce surnom de « Boomer remover » donné par les milléniaux à la Covid-19. Était-ce la formulation d’une haine à l’égard des babyboumeurs? Était-ce simplement l’expression d’un état de pensées, convenu entre les nouvelles générations, par leur propension à extraire de toutes situations un élément risible?

Alors que des milliers et des milliers de personnes âgées tombaient sous le coup de la pandémie, comme ça, tout naturellement, le terme « Boomer remover » avait fait son chemin sur le web et dans nos téléviseurs. Pourtant, ces babyboumeurs qui mouraient étaient avant tout les parents ou les grand-parents des milléniaux. Cette rancune —ou cette impertinence— à l’égard des prédécesseurs, comment avait-elle pu atteindre de tels niveaux?

Il est vrai qu'on reproche aux babyboumeurs d'avoir connu l'abondance de l'après-guerre. C'est qu'ils avaient souhaité avoir une vie plus aisée que celle de leurs parents de la génération silencieuse. Ces derniers avaient vécu la Grande Dépression, ainsi que les deux guerres mondiales; ils avaient tout supporté sans se plaindre, toujours travaillant dur, espérant qu'une vie meilleure viendrait. Puis, entre 1945 et 1964, sont arrivés ceux qui allaient effectivement bénéficier d'une existence plus facile : les babyboumeurs.

On reproche à la génération baby-boom d'avoir gaspillé les ressources, et d'être responsable des actuels problèmes environnementaux. C'est peut-être qu'ils avaient cru bien faire, et qu'en un sens ils avaient bien fait. Tous ces éléments du confort actuel, qu'ils ont su développer, avaient quand même apporté une grande amélioration dans les conditions de vie. Et leur soif de bien-être ou de liberté n'était-elle pas légitime? Étaient-ils seulement au courant, en ce temps-là, des impacts futurs liés à la propagation de l'automobile, au développement de certaines technologies, à l'utilisation du pétrole, à la surconsommation, etc.? Et maintenant, la question qu'on leur pose est celle-ci : quel genre de monde allez-vous laisser aux générations subséquentes?

Mais la génération X qui avait suivi entre 1966 et 1976. Elle au moins, avait-elle eu connaissance des conséquences du comportement humain sur l'état des ressources et de la planète? Il me semble qu'une telle conversation n'avait même pas encore eu lieu à leur époque. Ou, peut-être bien qu'elle se tenait, mais qu'elle n'était qu'un balbutiement, un chuchotement inaudible pour la multitude.

Et puis, voilà, sont arrivés les milléniaux, la génération Y (1984 - 1996), talonnée par la génération Z (1997 - 2010). Nés sous l'emprise du numérique; ils ont grandi en familiers de l'Internet et des réseaux sociaux, avec une forte intuition pour ce qui est des manipulations informatiques. Du téléphone cellulaire, ils ont su faire un prolongement d'eux-mêmes; une extension à ces trois sens que sont la vue, le toucher et l'ouïe, avec un troisième œil photographiant ou filmant tout sur leur passage, sans compter une possibilité pour eux de contact permanent avec leurs proches et le reste du monde. Ainsi, par les réseaux sociaux, ces générations sont actuellement en train de prendre d'assaut l'humanité.

Ce sont eux, les membres de ces générations subséquentes, qui sont en train d'acclamer l'avènement d'un boomer remover. Et pourtant, c'est à eux, descendances des babyboumeurs, que ces derniers lèguent le monde d'aujourd'hui, un monde en plein tumulte et menacé d'extinction. En fait, le monde a toujours été en tumulte, mais pas nécessairement menacé d'extinction. Alors, parallèlement, on se livre à une recherche frénétique d'un autre pied-à-terre hors de notre planète. Déjà, les puissances de la terre se lancent à la conquête de Mars; elles comptent chacune établir là-bas une base, comme elles établiraient leur propre consulat dans un pays étranger. Y amèneront-elles leurs conflits, afin que les générations nouvelles aillent y pérenniser les mêmes vieilles guerres? Ou, est-ce que ces jeunes d'aujourd'hui réussiront à pacifier l'humanité?

Que feront-ils, ces milléniaux qui ont vécu à l'heure de la réalité virtuelle, du partage des idées —vraies ou fausses— à travers les réseaux sociaux, des manifestations visant à changer les esprits et les comportements. Que feront ces tenants de la mentalité FOMO, YOLO (Fear of missing out; You only live once)? Que feront ces amateurs de jeux vidéo, adeptes de TikTok, ces fidèles de la série Euphoria? Que feront-ils, ces subjugués de la saga de Daenerys qu'on a tous regardée chevaucher ses dragons et vaincre des fauteurs de troubles? Que feront-ils? Car ce sont eux qui vont façonner la planète, selon leur vision, leurs propres inclinations. Daenerys n'est qu'une légende; mais nous, des générations antérieures, nous sommes encore ancrées dans le réel, et nous voyons très bien que la belle saison se termine. Déjà le vent se lève, froid et cruel; nous pouvons, sans risquer nous tromper, prédire que « l'hiver vient! ». Peuples de la terre, l'hiver vient! Et le monde appartient désormais à ces générations nouvelles. Mais que vont-ils en faire?

À nos descendants X, Y, Z : que ferez-vous de la planète, lorsque nous, les babyboumeurs, aurons été tous effacés? Qu'est-ce que vous ferez de ce monde? Ferez-vous mieux que nous?

En plein jour!

C'était au cours de notre pandémie. La vie venait de basculer. En un instant, avaient été frappés d'interruption nos habitudes, nos intérêts, la poursuite de nos petits plaisirs ordinaires, nos interactions familiales et sociales, nos emplois. Suspension immédiate!

La Covid-19 s'était installée; la planète était tout entière abasourdie. Nulle place où fuir, nul endroit où se réfugier. Tous, nous retenions notre souffle, et la plupart d'entre nous essayions —du mieux que nous pouvions— de mettre en pratique les recommandations de la Santé publique : rester chez soi sauf pour les sorties essentielles, maintenir la distance d'au moins deux mètres entre personnes, se laver les mains à tous moments, porter en public un masque que certains trouvaient plus gentil d'appeler un couvre-visage.

C'était au cours de cette pandémie, qu'en cherchant des informations à travers les canaux télévisés, je suis tombée sur CNN et sur cette image horrifiante d'un policier blanc au visage impassible, agenouillé sur le cou d'un homme noir qui, à bout de souffle, suppliait « I can't breathe ».

Cet homme noir s'appelait George Floyd.

George Floyd avait plaidé pour sa vie, il avait crié qu'il ne pouvait plus respirer. Dans un dernier râle, il avait fait appel à sa défunte mère, avant de trépasser. Cela se passait le 25 mai 2020, dans la ville de Minneapolis, au Minnesota, un état des États-Unis d'Amérique; et ce supplice en direct avait duré 8 minutes et 46 secondes.

C'était une scène si percutante, si nocive, que j'aurais pu crever sur le coup, d'une crise cardiaque ou d'un AVC. Je ne savais pas alors que des centaines de milliers de gens dans le monde avaient reçu ce même coup au cœur, et que nous allions partager ce deuil comme nous partagions la Covid.

Quand j'avais pu reprendre mes esprits, je m'étais seulement demandé comment cela pouvait être possible. La question du pourquoi ne m'avait pas un instant effleurée; aucun délit, aucun crime, ne saurait justifier un tel acte perpétré de sang-froid durant ces 9 minutes. En plein jour, et devant témoins, ce policier avait osé commettre un tel assassinat. Il était donc sûr de son coup. Il savait qu'il ne risquait pas d'être condamné, ni par la Justice, ni par ses pairs. Anticipait-il que la peur d'attraper la Covid-19 dissuade la population de descendre dans les rues?

J'avais réfléchi longtemps; l'image de cet être humain, agonisant sous le genou d'un autre, demeurait vivide en mon esprit. Et après réflexion, je commençais à soupçonner que ce crime sordide, filmé en plein jour, était peut-être une provocation, pour inciter les Noirs des États-Unis à sortir manifester en grand nombre, et ainsi contracter le virus. Car on avait appris, depuis quelque temps, que la plupart de ceux qui en décédaient étaient des gens de couleur. Mais, aller donc savoir!

Quel que soit le pari qu'il avait dû prendre, à l'évidence, rien ne s'était passé selon ses plans. Je n'étais pas la seule à être hantée par la vue de ce meurtre. Au beau milieu de cette pandémie, l'humanité s'était fait réveiller brutalement.

Or, les gouvernements annonçaient déjà que, très prochainement, le déconfinement allait se concrétiser; Économie oblige. Pourtant, c'était un autre déconfinement qui s'était imposé spontanément sous nos yeux : la souffrance d'un Afro-américain avait pénétré les frontières; son agonie avait franchi le cœur des hommes. À travers les nations du monde, une masse de blancs avaient rejoint des noirs, poings levés, bravant aussi bien le virus que les forces policières, pour envahir les rues, les villes et les pays de la planète en hurlant « Black lives matter! ».

« La vie des noirs compte! ». Nous voici, encore en 2020, en train de le crier à tue-tête! Pas que nous voulions voir notre vie supplanter la vie de ceux-là qui ne sont pas noirs, mais plutôt pour nous inclure dans la liste des vies considérées valables. En Occident, on sanctionne sévèrement ceux qui osent malmener un chien, un chat, ou un autre animal. D'où vient qu'on puisse accepter aisément qu'un être humain se fasse brutaliser parce qu'il a de la couleur dans la peau?

Le baiser des injustes

J'ai entendu le criminel
Crier à l'injustice
Revendiquant sa légitimité
Demandant de quel droit
On ose s'interposer
Alors qu'il réglait
Ses propres affaires!

J'ai entendu l'abuseur
Crier à sa victime
« Tais-toi!
Et gare à toi si tu oses dénoncer »

J'ai entendu mentir le criminel
Alors que sous nos yeux s'étalaient ses forfaits
Je l'ai regardé sangloter
Plaidant son innocence
Alors qu'il rigolait dans son for intérieur

Et j'ai vu, Ô stupeur
Le juge donner raison au criminel!

Covid Covid

Quatre mois avaient passé, depuis l'annonce de cette pandémie. La Covid-19 continuait ses avancées; elle étendait inexorablement son territoire. Beaucoup avaient espéré que le coronavirus disparaitrait avec les chaleurs estivales; le bilan des personnes infectées et des décès augmentait pourtant constamment. Beaucoup avaient cru également que d'attraper ce virus, et d'avoir survécu, vous obtenait une immunité; cela a malheureusement été démenti. Une immunité temporaire, tout au plus; ça reste à confirmer. Les gouvernements s'efforçaient cependant de rassurer les populations, émettant un enthousiasme douteux, quant aux résultats de leur gestion de crise. Mais surtout, ils ressassaient encore et encore la nécessité de rouvrir l'économie.

Sur un ton qui réaffirmait leur compétence et leur autorité, divers experts, par l'entremise des médias, nous sermonnaient sur les effets pervers du confinement. On diffusait, sur toutes les tribunes, que de plus en plus de gens tombaient en dépression, que les problèmes mentaux s'aggravaient, que les jeunes avaient besoin de la proximité de leurs pairs, et qu'il était important pour le bon développement des enfants qu'ils retournent dans les garderies ou sur les bancs d'école. Et les gouvernements s'appuyaient sur de telles notions, pour confirmer la nécessité de déconfiner, et de repartir l'économie.

Entretemps, la réalité de ce coronavirus était interprétée différemment d'une personne à une autre. Des tensions commençaient à se faire sentir, un peu partout dans le monde. Les experts de la Santé publique nous renseignaient sur les nouvelles découvertes. Les influenceurs, de leur côté, répandaient, sur les réseaux sociaux, leurs propres versions de la situation. Et les théories les plus abracadabrantes se propageaient à travers le monde.

Ensuite, s'étaient mises à émerger des revendications en tous genres. Chacun exposait son problème ou son désir spécifique, qu'il opposait aux mesures de la Santé publique ou aux décisions des gouvernements. Chacun s'attendait alors que leur soit accordée une exemption ou une priorité, selon sa situation personnelle. Chacun exprimait, à travers les médias, sa grande impatience, ses frustrations ou sa colère. Oublie-t-on que nous sommes près de huit milliards sur la planète, que les problèmes des uns souvent divergent de ceux des autres? Peut-on réellement espérer que les gouvernants aient la capacité de répondre à chacune de ces exigences? Ou bien, est-ce seulement que certains essaient de parler plus fort, dans le but d'être privilégiés? Ainsi donc, bienheureux ceux qui ont des cordes vocales très puissantes, ou encore qui ont accès à la voix des médias!

Sur le plan politique, les attaques reprenaient, vicieuses, incohérentes. Il devenait clair que certains partis n'avaient rien à cirer du bien-être du peuple. Par ailleurs, les propriétaires de commerce trépignaient; il était temps de recommencer à gagner du fric. Et dire qu'une deuxième vague de la pandémie était prévue pour l'automne! C'est bien vrai : « L'hiver vient ».

Les éclosions du coronavirus de 2019, sur la planète, nous ont amenés à divers constats. Qui aurait pu imaginer que, dans un laps de temps si court, des pays grands et petits connaîtraient une telle débandade? Qu'ils se retrouveraient si impuissants? Qui aurait pu imaginer que les états les plus riches seraient confrontés aux limites de leurs propres systèmes? Devant nos yeux incrédules, se déroulait la trame de leurs fragilités : vulnérabilité économique, complexité dans l'établissement d'un équilibre entre le bien-être des individus et les multiples intérêts financiers, confusion dans l'émission des directives aux populations, impossibilité à promouvoir un consensus entre les citoyens quant à l'adoption des mesures, incapacité de faire respecter les consignes par ceux qui font appel à la notion des droits et libertés individuelles. Pourtant, comme l'ont fait remarquer certains reporters, cette notion n'avait en rien entravé l'exigence du port de la ceinture de sécurité dans sa voiture, ni l'interdiction de marcher tout nu dans la rue si cela nous tentait.

En ce 31 juillet 2020, on recense dans le monde près de 17 700 000 cas confirmés et 680 000 décès. Les États-Unis, à eux seuls, comptent près de 4 700 000 cas et 156 000 morts. L'état de Floride est devenu, après New York, le point chaud du pays. On y dénombre le plus grand nombre de cas, autour de 10 000 par jour. Et les unités de soins intensifs y ont atteint leur capacité dans presque tous les hôpitaux. La chaîne de télévision CNN informait récemment que la Maison-Blanche avait réclamé que les données liées à la pandémie ne soient plus envoyées au Centre pour le contrôle et la prévention des maladies (CDC) des États-Unis, mais de préférence, transférées directement à leur administration.

Devant l'insistance du gouvernement américain à rouvrir les écoles dès le mois d'août, —et ce, sans nouveaux équipements ni mesures de prévention, même pour les états les plus touchés— l'inquiétude avait grandi au sein de la population. Et des professeurs, résignés, avaient confié aux journalistes de CNN, avoir décidé d'écrire leurs testaments avant cette rentrée des classes!

Je me suis demandé si, à travers tous ces tiraillements, les individus détiennent encore un contrôle sur leur propre vie. Ne se font-ils pas plutôt manœuvrer contre leurs propres intérêts, à l'instar des moutons de Panurge? Et parallèlement, dans cette lutte au virus, la responsabilité d'une éventuelle défaite sera rejetée sur ces citoyens mêmes, auxquels pourtant sont dictées des directives qui se contredisent. Et voici que la santé mentale se pose en concurrent de la santé physique, que la sauvegarde des citoyens est vue comme un opposant à l'économie, et que les pertes en vies humaines ne sont que de banals dommages collatéraux comme il y en a dans toutes guerres.

J'ai éteint la télé; ces nouvelles ne font que témoigner de notre inaptitude à vivre ensemble. Tout devient si confus, tout est trop compliqué. J'ai mis le disque d'Ella Fitzgerald, puis celui de Jacques Brel —oui, j'ai encore des disques compacts— et j'ai chanté avec eux. Au moins, certaines chansons ne nourrissent pas la méchanceté du monde.

Le confort et l'inconfort de l'ennui

C'est à la lueur de différents reportages télévisés, au cours de la pandémie, que s'était révélée l'ampleur de mon incompréhension de l'humanité. Cette incompréhension s'était confirmée à travers les histoires que je recueillais, lors de conversations téléphoniques avec des amis. Depuis l'incrustation de la Covid, le téléphone et la télévision se substituaient à nos oreilles et à nos yeux, sur la réalité du monde. Et ces technologies nous imposaient de voir et d'entendre ce que nous aurions volontiers éludé.

Je ne comprenais pas cette humanité qui se dévoilait devant nous. Cette fragmentation, dans les idées et dans la logique, me semblait déconcertante. D'un côté : ceux qui pensaient, comme moi, que nous devions prendre des précautions pour notre sauvegarde et celle des gens qu'on croisait. De l'autre côté : eh bien, les autres. Et je me demandais qui —d'eux ou de nous— détenait une meilleure vision de ce que devrait être ce nouvel état des choses. Il y avait là de quoi nous rendre de plus en plus humbles.

Alors que certains d'entre nous avaient accepté de se soumettre aux mesures qui assureraient une quelconque protection, devant le danger que représentait ce virus meurtrier, d'autres s'insurgeaient contre elles. Tout à coup, diverses notions prévalaient, par rapport à la nécessité de préserver la santé des individus. Et je ne pouvais que me questionner, sur ce postulat qui jusqu'ici avait semblé faire l'unanimité : notre instinct de survie.

Car comment comprendre que des gens revendiquent leurs besoins de plaisirs, leurs désirs de câlins, leur envie d'être avec des amis, tandis que des dizaines de milliers d'êtres humains tombent sous le coup de la Covid-19? Ai-je seulement raison de penser qu'un moment d'ennui, un temps de retenue, vaut bien la conservation d'une vie?

Je me rappelle ces premières semaines du confinement, où l'humanité, encore hébétée, essayait tant bien que mal de se conformer aux consignes de la Santé publique. Nous gardions en tête le nombre élevé de décès parmi les plus âgés, la menace qui planait sur nous tous, les travailleurs essentiels qui ne pouvaient prendre le temps de se mettre à l'abri, les "anges gardiens" de la santé qui, en première ligne, se battaient contre le virus —aussi bien pour les autres que pour eux-mêmes— et contre leur propre épuisement. C'était une telle détresse. Je me rappelle qu'en revenant de cette épreuve qu'était devenue une course au supermarché, j'avais vu arriver deux jeunes hommes, assez beaux et pimpants, qui se tenaient par la main. Au moment de les croiser, j'avais entendu l'un dire à l'autre avec un soupir : « Comme j'ai hâte de pouvoir me mettre en costume de bain, et m'étendre sur une plage! ». J'avais senti monter en moi une réprobation; j'avais dû me pincer les lèvres pour ne pas laisser échapper un blâme. Cette souffrance dans le ton de sa voix pour une simple baignade —en contrepoids aux deuils que vivaient de multiples familles en ce monde— me semblait d'une telle indécence.

Il fut un temps où l'on se sacrifiait par devoir, ou pour des idéaux. On hurlait « Liberté ou la mort! » avant de se lancer au front. Aujourd'hui, on monte aux barricades parce que le port d'un couvre-visage est inconfortable ou qu'il cache un moyen de séduction, une identité. Aujourd'hui, on se bat pour ses menus agréments et pour son confort —la petite auto, le pseudo château avec les électros, et puis un tour de pédalo sur l'eau. On invoque les droits constitutionnels, les libertés individuelles; l'on aurait préféré —semble-t-il— sacrifier sa vie, que de sacrifier le moindre de ses petits plaisirs.

Oui, sans doute sommes-nous d'un autre temps, nous qui croyons que le réflexe de sauvegarder sa vie est prioritaire; nous qui pensons que : mourir en effectuant la besogne qu'on ne peut s'épargner, c'est mourir dignement; mourir pour une cause ou bien mourir en essayant de sauver son prochain, c'est mourir en héros; et que, dans les deux cas, c'est horriblement triste.

Mais alors, mourir pour un instant de plaisirs?

Adapte-toi ou meurs!

Alors que le temps passait, et que la Covid s'était confortablement installée —comme un intrus qui vient chez vous, refusant de partir— certains de mes amis commençaient, eux aussi, à se montrer impatients, à sombrer dans la déprime, à se sentir accablés. Mais que pouvions-nous faire, sinon attendre et espérer. L'histoire de l'être humain est aussi une histoire d'adaptation. Il nous a fallu nous ajuster constamment, en présence des multiples défis, des nombreux imprévus, des déchaînements récurrents de divers éléments de la nature.

L'être humain a prouvé sa résilience; nous sommes encore ici sur la terre, et nous participons encore au cycle de la vie. Or, marcher à travers sa vie est loin d'être un parcours sur une belle ligne droite. Il est vrai qu'à l'instar d'une recette, nous avons dû suivre d'abord une voie prédéterminée :

infiltrer, d'on ne sait où, le désir de ce père
qui nous aura refilés à la matrice d'une mère
puis nous voici éjectés sur la terre
sans savoir ce que nous y allions faire.

Et dès ce moment, s'est amorcée toute une série d'apprentissages auxquels nous ne pouvions que nous soumettre. Tombés, d'on ne sait où, sur cette planète, nous avons dû apprendre à respirer, à marcher, à parler, à compter, à procréer à notre tour. Ahuris, nous avons avancé; nous ne pouvions qu'avancer. Et puis, j'apprends en plus que la couleur de ma peau me barrait bien des chemins. J'ai dû effectuer des détours, et encore des détours; on ne peut que tirer de l'arrière quand on a de la couleur dans la peau.

Cette vie dans laquelle nous avançons, non elle n'est pas une ligne droite. Nous sillonnons, nous zigzaguons, nous reculons, selon que nous affrontons un chemin trop étroit, un récif, une falaise, ou un cul-de-sac. Mais quel est donc le but de ce voyage dont nous connaissons tous l'ultime destination? Éjectés sur la planète Terre; et pourtant, nous n'avions rien demandé, il me semble. Ou bien, serait-ce que nous ne nous souvenions pas du temps d'avant notre arrivée?

Mais nous continuons d'avancer; nous n'avons d'alternative qu'avancer ou mettre fin à la vie. Peu d'entre nous sont prêts à abréger leur vie; alors nous avançons, nous avançons, à tâtons dans le noir, sans connaître l'itinéraire. Nous marchons de surprise en surprise; quelques-unes agréables, tant d'autres décevantes ou terrifiantes. Nous avançons quand même, nous devons avancer, à travers les saisons et à travers les âges. Adapte-toi ou bien dégage! Adapte-toi et meurs; nous n'aurons d'autre choix que de mourir quand le moment viendra. Avec un peu de chance, juste avant le moment du départ, sans doute comprendrons-nous enfin le but de ce voyage.

Je constate que, moi aussi, je me plains. Nul doute que ce nouvel impératif de réajustement imposé par la Covid-19 soit dérangeant. Et nous nous rebiffons, et nous nous plaignons. Mais n'est-ce pas dans la nature de l'homme de se plaindre? Cependant, il faut vite se reprendre si l'on veut continuer. Alors, un moment de consternation, un peu d'atermoiement, puis rapidement réintégrer le parcours!

Panurge n’est pas mort

Un propriétaire de bar a passé aux nouvelles récemment. Il racontait avoir mis au point un système qui, selon lui, pourrait aider à maintenir la distanciation dans son établissement. Était-il sérieux ou était-ce une blague? Une installation émettant une décharge électrique, à ceux qui ne respecteraient pas le bon écart. À la fin de son exposé, il a déclaré en riant que les humains se comportaient un peu comme des moutons. Des moutons? Ici, au Québec, nous appelons ces gens-là des “suiveux”.

Combien de fois ne me suis-je pas ruée au magasin, pour m’acheter une crème, un rouge à lèvres, parce que j’avais été éblouie par l’image d’une star à la télévision qui semblait me dire : « Hé, regarde comme je rayonne! »? Et j’avais tout de suite désiré rayonner comme elle.

Combien de fois n'ai-je pas couru vers un lieu de plaisir, à cause de gens qui avaient déclaré s'y éclater? Et je ne pouvais cesser de penser à ce moment exaltant où je m'éclaterais moi aussi.

Il y a de ça quelques années, un humoriste québécois remarquait à la blague que notre cerveau était notre propre crosseur. Ici, un crosseur n'est ni plus ni moins qu'un arnaqueur. Par manque de réflexion ou de contrôle de soi, nous nous faisons piéger par notre propre cerveau; il suffit qu'il y ait un appât, un déclencheur.

C'est l'histoire de Panurge qui, voulant se venger d'un marchand de moutons qui l'avait offensé, avait provoqué ce mouvement fatal de tout un troupeau. Il avait utilisé l'entièreté de l'argent qu'il possédait, pour acheter de ce marchand un des moutons. Puis, tout simplement, il l'avait fait basculer dans le vide. C'était le mouvement déclencheur : sans hésiter, tous les autres moutons avaient suivi.

Hé, les moutons! Non, Panurge n'est pas mort.

Ah, regardez cette eau, comme elle est belle! Et votre congénère qui s'y plonge tout heureux. Allez moutons, allez!

Les maîtres de la confusion sont bien vivants et bien portants : les négociateurs aux mauvaises intentions, les fabricants d'informations, les manipulateurs de populaces, les diffuseurs de consignes contradictoires. En effet, Panurge vous détourne l'attention de la conscience du danger; c'est qu'il a ses propres plans.

Ils vous feront miroiter vos appétits d'herbes fraîches, de pâturages verdoyants ou de baignades en temps de canicule. Ils vous montreront un de vos semblables en train de se livrer à la jouissance de ces choses. Ils vous feront envier cette supposée joie éprouvée par ce semblable, vous manœuvrant ainsi vers le précipice.

Ils vous invitent vers l'oasis des petits agréments, là où vous pourrez étancher votre soif de petits bonheurs, vous rappelant avec tant d'insistance votre actuel sentiment d'infortune à vous trouver dans un enclos.

Vous me direz peut-être : « Mais nous, on veut pas arrêter de vivre! ». Justement. Alors, le choix est vôtre : arrêter un moment, ou risquer d'arrêter pour toujours. Vous êtes bel et bien libres, les moutons. Mais Il arrive souvent que, guidés par un désir de plaisirs, nous courions allègrement vers l'appât, et y récoltions notre perte.

Fin de l'histoire.

Des moutons et des bêtes

Hier j'ai appris un nouveau mot, qui sûrement est en train de faire son chemin sur les réseaux sociaux. C'était au cours d'une manifestation anti mesures de protection, dans le cadre de cette pandémie, qu'une jeune femme avait commencé à haranguer la population par ces mots : « Hé, les moutruches! ». Moutruches? Sans doute, une double tare combinée : le mouton et l'autruche. Très intéressant, je le concède. Toujours dans cette manifestation, un jeune homme avait terminé son discours par « Nous ne sommes pas des moutons, nous sommes des chevaux! ». Ça porte à réflexion.

Mais, à bien y penser, ces appellations semblent rejoindre une idée principale : que nous, les humains, sommes de drôles de bêtes.

L'Effet domino ou le chaos?

À l'occasion d'une de ses conférences de presse quotidiennes, en lien avec la pandémie, le Premier ministre du Canada, Justin Trudeau, nous a rappelé que, dans le cadre de la Covid-19, nous sommes en train de vivre à la fois une crise sanitaire et une crise économique, et qu'il faudra se battre sur les deux fronts. Plusieurs leaders, à travers la planète, ont également évoqué la question de l'économie, souvent la privilégiant sur la question sanitaire; on aurait pu croire que la Santé et l'Économie sont perçues comme deux avenues parallèles. Pourtant, quand on y pense, l'un ne pourra bien se porter sans l'autre.

Devant autant d'incertitudes, la plupart d'entre nous s'inquiètent de ce que sera l'avenir. Certains prédisent un effet domino, une réaction en chaîne qui aboutirait sur des scénarios catastrophiques. Ce virus —ayant entraîné dans son sillage, non seulement des centaines de milliers de morts, mais aussi des millions d'emplois et de faillites commerciales, en plus d'extraordinaires dépenses gouvernementales— ne peut, au bout du compte, susciter que chaos. Peut-être ou peut-être pas. À cette interrogation rattachée à la Théorie du chaos « Un battement d'ailes d'un papillon au Brésil peut-il déclencher une tornade au Texas? », Edward Lorenz, un météorologue, avait fait valoir que ce battement d'ailes pourrait tout aussi bien déclencher ou empêcher le déclenchement d'une tornade.

Les humains élaborent leurs plans, émettent des prédictions reposant sur des calculs, des équations et des interprétations. Il aura suffi qu'un élément imprévu se glisse dans la réalité, pour que leurs prévisions soient démenties. Dans l'Effet domino —ou réactions en chaîne— les pions sont alignés, le parcours et le point d'arrêt prévisibles. Tandis que dans la Théorie du chaos, des éléments inattendus peuvent survenir à n'importe quel moment d'une situation, pour faire dévier encore et encore l'aboutissement anticipé. Du concept d' «effet papillon», on ne saurait prédire si le battement d'ailes produira ou empêchera la tornade.

Supposons qu'un homme parte de chez lui, content à l'idée de se rendre à son emploi. Plein de bonne foi et d'enthousiasme, il s'engage dans une ruelle qui débouche sur l'entrée de son lieu de travail, lorsqu'il se fait attaquer verbalement sans raison. Ce seul incident vient de gâcher son humeur, et toutes ses interactions vont s'en ressentir. Il pourrait rudoyer un collègue qui, lui aussi, gagnera en nervosité, pour ensuite aller à son tour agresser un autre employé. Qui sait, ce dernier employé rentrera chez lui de mauvais poil, et entamera une querelle avec les membres de sa famille, querelle qui pourrait s'aggraver et aboutir à des événements regrettables. C'était une journée de travail bien planifiée, qui a été déviée par un simple incident imprévu. Il en a résulté une suite de causes et d'effets inattendus qui ont contaminé tout l'entourage, engendrant d'autres causes et d'autres effets dont on n'aurait pas pu prévoir les dénouements.

J'ai écouté quelqu'un aux États-Unis déclarer récemment que l'Économie valait bien qu'on meure pour la sauvegarder. L'Économie ou la mort? Il y a lieu de se demander qui sont ces gens qui devront être sacrifiés dans ce but. Qui donc sont ces guerriers qui devront se placer au front et mourir? « Brigadiers à l'assaut...Tant pis pour ceux qui tomberont! » dit une chanson haïtienne. Mourir pour l'Économie? Croit-on vraiment que, si la population mondiale venait à disparaître, l'Économie continuerait de fleurir?

Pas si sûr. D'un côté, l'Économie a absolument besoin de la contribution d'individus en bonne santé, en tant qu'agents de production, de force de vente, d'employés dédiés à des tâches administratives. Mais surtout, l'Économie a besoin de la masse des dépensiers heureux, en pleine forme, et persuadés qu'ils auront encore de l'argent demain. Ce sont eux qui lui apporteront un pourcentage de leurs salaires, tout comme on apporte sa dîme au pasteur d'une église. En effet, ces employés essentiels à l'Économie, et qui y gagnent leur argent, sont ceux qui réintègrent dans cette même Économie l'argent qu'ils en ont tiré. C'est un cercle vicieux.

D'un autre côté, les individus ont besoin que l'Économie fonctionne. Il leur faut une source de revenus, afin d'avoir les moyens de se nourrir, un endroit où s'abriter, et quelques possibles distractions. Leur santé physique et mentale en dépend. Ainsi, dans ce contexte de la Covid-19, le cercle vicieux se précise : sans la Santé de la population, l'Économie se porte mal; sans l'Économie, la santé des individus risque de mal se porter.

L'arrivée de la pandémie vient certainement de déclencher une réaction en chaîne. Sera-t-elle tributaire de l'Effet domino? Se terminera-t-elle par le chaos? Parviendra-t-on seulement à en anticiper l'ampleur, le parcours, la durée et l'aboutissement? Ou bien, d'autres éléments imprévus apparaîtront-ils, compliquant cette crise, la rendant tout à fait ingérable?

Mais la théorie de l'emmerdement universel

C'était un de ces matins, où je devais me presser afin d'arriver au Centre local de services communautaires (CLSC) avant sa fermeture à 9 h, pour obtenir une prise de sang qu'avait prescrite mon médecin de famille. Il était déjà huit heures passé; je me dépêchais furieusement. Or, c'est souvent dans de tels moments que se met en branle ce que l'on appelle la loi de Murphy : « Tout ce qui est susceptible d'aller mal ira mal ». Et, bien entendu, le téléphone s'était mis à sonner. C'était un de mes oncles qui, très rarement, me fait un coucou de Fort Lauderdale; et il fallait que cela tombe ce matin-là. J'avais répondu, sans doute sur un ton assez brusque; je m'étais enquise de ses nouvelles et, bien vite, lui avais expliqué que j'étais en retard. J'avais raccroché, et je me démenais de plus belle; là, même plus le temps d'appliquer un peu de lipgloss, il fallait que je parte sur-le-champ.

J'avais raflé mon pantalon, mais sous le coup de mon énervement, j'avais ridiculement enfilé la jambe droite dans le compartiment de la jambe gauche. Je m'essoufflais, je transpirais déjà, mais avais fini par me vêtir. Mes espadrilles me donnaient un peu de fil à retordre; je les avais tassées et remplacées par une chaussure plate. Je lorgne en direction de l'horloge : 8 h 30! Ça y est, gros retard. J'avais appelé un taxi. Le temps de récupérer mon sac à main avant de voler vers l'ascenseur. Mais voilà, mes clés avaient disparu.

Il semble que souvent un emmerdement ne vient pas tout seul. Je me pressais tellement que j'avais perdu mes moyens. Et il avait fallu que je prenne le temps de me dire simplement : « Calme-toi! Respire! ». Une longue inspiration, deux secondes de pause, puis tout s'était remis en place. J'avais trouvé mes clés, le taxi m'attendait en bas, et j'étais arrivée au CLSC juste à temps.

Cette extension de la loi de Murphy n'est que le constat d'un phénomène qui, de temps en temps, survient dans notre vie. C'est comme si l'Univers réservait quelques séquences d'emmerdements se tenant à l'affût de nos situations sensibles. De tels désagréments nous guettent probablement, puis ils nous tombent dessus au bon moment, rien que pour déranger un peu.

Que dire quand tu t'empresses de répondre au téléphone, parce que tu espères un appel important, et que le combiné t'échappe des mains, mais qu'en te baissant pour le rattraper, tu te cognes le front contre le bras du fauteuil, et que tu finisses par rater l'appel que tu attendais?

Que dire quand, en plein dans une conversation intéressante, tu essaies de trouver un mot que tu connais bien, et que tu as tout à coup oublié; qu'enfin tu te le rappelles, ce mot, mais que tu oublies complètement de quoi on était en train de parler?

Et lorsque tu veux t'offrir une flânerie relaxante sur les trottoirs de ton quartier, une bicyclette vient te frôler de près; ce qui fait que tu te lances quelque part et tombe sur tes genoux, mais qu'en même temps tu bouscules un autre piéton qui ne se gêne pas pour te crier « Va te faire foutre! ». Et te voici plus stressé qu'avant ta sortie.

Et quand tu te désoles, au gré d'une nuit d'insomnie, que tu viens de compter trois heures à regarder le plafond, qu'enfin un doux sommeil commence à se pointer, mais que l'alarme d'incendie se déclenche.

Une autre nuit d'insomnie, parce que je pensais au coronavirus. Je revisitais son image, telle qu'elle est montrée d'habitude à la télévision : sa forme ronde surmontée de tentacules —ou bien seraient-ce des ventouses? Méchant! Vraiment trop méchant. Mon esprit bifurque sur le fait qu'une série de canicules viennent nous tomber sur le corps, tandis que l'on carbure encore un plein d'emmerdements à la Covid-19. Comme si ça ne suffisait toujours pas, une région du Québec a subi une invasion de papillons en pleine nuit. Des centaines de milliers de bestioles se sont ruées sur la ville, pour se reproduire et mourir. Le lendemain, ils jonchaient le sol, s'étendant à perte de vue; et l'on a dû, comme pour les feuilles mortes, les ramasser à la pelle! Merdique! Trop merdique, n'est-ce pas? Alors, maintenant, je ne peux m'empêcher de me demander : « Pis, quoi d'autre avec ça? »

Enfin, au cœur de l'insomnie, une légère tendance soporifique. Viens sommeil, oui tu es bienvenu. Mais oops! Ah, vessie quand tu nous pinces! Mauvaise humeur. Petit voyage en salle de bain où déverser l'urgence. Retour au lit; j'espère que ce rancart avec le sommeil tient toujours. De fait, je le sens s'approcher à nouveau. Mais non, non, pas encore cette vessie! De nouveau à la salle de bain. Là, mes yeux sont ouverts, grand ouverts; je ne dormirai pas de si tôt, je le sais. Je n'aurais sûrement pas dû boire ce grand verre d'eau, avant d'aller au lit.

Les futés, l'épée et La Providence

Dans la vie, comme dans une partie de poker : d'un côté les naïfs, les impulsifs, les crédules, les pros de la franchise extrême; d'un autre côté, les futés qui ont appris à bien cacher leur jeu. Ces derniers manipulent, et les premiers subissent, sans comprendre ce qui leur arrive.

Il n'y a pas trop longtemps, j'avais des opinions bien arrêtées sur ce qu'étaient les choses, sur ce qu'étaient les gens, ce qu'étaient les institutions. J'étais naïve au point de me convaincre que gens d'Église signifiaient gens de vertu, que toute personne âgée ne pouvait être qu'un parangon de sagesse, que toute institution se déclarant communautaire était un havre de bonté. Mais que de leçons avais-je dû apprendre en peu de temps!

Pour qu'un naïf se réveille, il faut que cela soit brutal. Brutal, en effet, avait été mon réveil. Les turbulences répétitives au sein de n'importe quelle instance communautaire ont de quoi vous désarçonner, si vous n'êtes pas solide sur vos pieds.

Mais moi, je m'étais crue solide et bien ancrée. J'allais bientôt savoir que je m'étais surestimée. Cela m'avait finalement pris un détenteur de postdoctorat en sociologie, pour me remettre sur les rails. Il était catalan; je ne sais pas pourquoi j'ai tenu à le préciser. Lorsque, dans l'espoir d'obtenir son appui, je lui avais confié mon désarroi, il ne m'avait pas montré la moindre empathie. Il m'avait seulement expliqué que les institutions communautaires étaient foncièrement politiques; que si je m'entêtais à me rabattre sur des notions comme la bonté, la générosité et la bienveillance, dans un tel contexte, j'allais simplement me faire massacrer sans pitié. Il avait terminé en me disant, qu'à la fin, tout le monde rirait à gorge déployée de ma naïveté. Sur le moment, je l'avais mal jugé et, dans mon for intérieur, je l'avais traité de cynique.

Or les coups pleuvaient de toutes parts, les uns plus déconcertants que les autres. Curieusement, les plus douloureux venaient de ces personnes âgées que j'avais tellement idéalisées. Alors, j'avais dû hâtivement apprendre. Et j'avais dû me battre. Me battre, sans user de la manière forte, sans hausser le ton, sans me déformer le visage par de vilaines expressions d'indignation. C'était comme dans un jeu, maîtriser l'échiquier, ne pas se laisser deviner, jusqu'à l'évidence du triomphe. Et dire que je ne savais pas jouer aux échecs! Mais à cette partie-là, j'avais dû vite apprendre à tirer mon épingle du jeu.

J'avais appris, j'avais compris le jeu. Si bien que j'avais clairement vu qu'il n'était nul besoin de compromettre son intégrité pour se défendre. À ce jeu-là, il n'y a que les assaillants qui sont sales, puisqu'ils s'attaquent à des innocents, sans raison valable. Mais moi, je n'attaquais personne, je ne me livrais pas à la médisance, je ne complotais pas, ne posais pas de pièges. Je me faisais seulement un devoir de prévoir les assauts à venir; j'observais, j'écoutais, j'anticipais l'impact, et je me préparais. Puis le coup arrivait, féroce. Mais le poing qui en était porteur, ignorant que je m'étais fait une carapace, s'abimait tout bonnement. Il frappait un mur. Ici, au Québec, on dit « T'as frappé un nœud! ».

Il arrivait parfois que je ne voyais pas comment parer à une attaque. Je ne pouvais que prier, car je crois en la force de la prière. La Providence ne manquait pas d'intervenir; mes attaquants se dissipaient d'une façon ou d'une autre. Eh bien oui, j'ai la foi; combien de conclusions miraculeuses se sont produites, dans le cours de ma vie!

Mon fils m'avait une fois conseillé : « Maman, t'as suffisamment nourri l'ange en toi; il te faut maintenant travailler l'épée en toi ». Je crois avoir compris ce qu'il avait voulu me dire. Là, j'avais dû apprendre à être une futée; c'était ça mon épée, mon moyen de défense, dans ce nid de petits futés. Un jour, l'un d'entre eux m'avait demandé avec un petit sourire : « Mais dis donc, es-tu haïtienne ou non? ». Eh ben oui, je suis haïtienne. « Alors, comment ça se fait que, toi, tu ne réagisses pas? Normalement, les Haïtiens ont des réactions ». Mais oui, être haïtiens, ça nous colle à la peau. Pas besoin qu'en plus ça nous pose une colle au cerveau. J'avais donc fini par comprendre, j'avais appris, et j'avais grandi. Tout simplement.

Mais ces expériences que j'avais absorbées —et qui me permettaient de lire et de prévoir les mauvaises intentions à mon égard— m'avaient quand même souillée au plus profond de moi. J'avais goûté à l'amertume et au ressentiment; ça, ce n'était pas bon. Celui qui dit qu'il n'y a ni bien ni mal est mauvais. Et il le sait. Le bien est porteur de lumière, de bien-être et de joie, pour les autres et pour soi-même. Le mal est porteur de souffrances, d'animosité et de destruction; il ne peut s'échafauder que dans l'ombre. Les humains s'activent, se démènent, avancent, reculent et se positionnent à divers points entre ces deux pôles du bien et du mal, dans cet intervalle qu'on appelle souvent la zone grise.

Celui qui proclame qu'il n'y a ni bien ni mal est rusé; il essaie de brouiller les pistes. Son but est d'occulter la lumière du monde, pour qu'à la faveur de l'obscurité, il puisse assouvir ses propres convoitises. Et cela, au détriment d'autrui, mais en toute justification.

Or, comme dit l'Ecclésiaste, il y a un temps pour chaque chose : un temps pour la paix, un temps pour la guerre. Et les moteurs de la guerre ne cessent de tourner : la haine, l'avidité, les convoitises, la soif de pouvoir, la simple cruauté, etc. J'avais dû accepter cette évidence, et je me suis battue à ma manière. Encore une fois, il me fallait sauver ma peau. Tous, nous avons la responsabilité de sauver notre peau. Déjà, toute une multitude milite pour des considérations de justice et d'équité. Ils se battent à leur manière —sans naïveté, mais sans violence— pour affranchir les plus opprimés, et pour sauver le monde. Parfois, aux nouvelles télévisées, on nous les montre; parfois on nous les dissimule.

D'autres naïfs, eux aussi, tendent à ignorer cette dualité du bon et du mauvais. C'est qu'ils préfèrent dormir, garder leurs yeux fermés, afin qu'ils rêvent encore. Ils ont trop besoin de croire que tout est beauté sur notre planète. Ils s'efforcent en ce sens, évitant d'ouvrir l'œil et de jeter un regard sur l'autre côté. Ils ont besoin de croire que tout sourire est un témoignage d'amitié, et que chaque mot aimable est une preuve d'amour. Ils ont besoin de jouir de ce monde, dans une parfaite quiétude, sans prendre conscience des gros nuages annonciateurs de désastres. J'avais été comme ça.

Ces naïfs, ces ingénus, ne sont donc pas préparés lorsque survient un bouleversement; ils se font toujours surprendre. Pire encore, ils se retrouvent souvent à être les dindons de la farce, ceux qui finiront peut-être par porter l'odieux d'une situation, ou ceux qui seront recensés parmi les victimes. Tandis que les petits malins, manipulant leurs habiletés interpersonnelles, flambant de tous leurs feux de pacotille, rayonnant sous le reflet des clinquants, parviennent toujours à s'esquiver, à préserver les apparences, à se tenir droits, et à briller.

Enfin, presque toujours. Jusqu'à ce qu'ils soient, à leur tour, court-circuités par des bien plus futés qu'eux-mêmes.

Quand était arrivé le temps de la retraite, c'était tout un plaisir de déposer enfin mon chapeau de futée. J'ai beaucoup mieux aimé enfiler une perruque blonde; il n'y a point de méchanceté dans le port d'une perruque blonde. J'ai reposé l'épée, jeté mon amertume aux oubliettes et désintoxiqué mon cœur. Je sais pourtant que je n'oublierai pas ces choses que j'ai apprises; en cas de besoin, elles me reviendront sûrement tout naturellement. C'est comme monter à bicyclette; lorsque l'on a appris, c'est pour toujours.

Il était une fois, un détenteur de postdoctorat en sociologie. Il m'a ouvert les yeux sur bien des choses. Je lui suis très reconnaissante. Et je souhaite à tous les naïfs de trouver sur leur chemin celui qui les réveillera.

Quant à moi, j'évite et j'éviterai, dans la mesure du possible, les milieux ou les individus toxiques.

Je préfère fuir. Et je me suis promis de ne plus jamais m'impliquer dans des instances à teneur politique; enfin, certainement pas de mon plein gré.

Coïncidences

C'est un ouvrage de James Redfield, *La Prophétie des Andes*, qui m'a incité à porter attention à des détails que je n'aurais nullement remarqués avant. « Et si les coïncidences révélaient le sens de la vie? » peut-on lire sur la page couverture de ce livre. À vrai dire, je ne garantis pas que les coïncidences puissent révéler un sens à ma vie. Je tiens néanmoins à rester vigilante, à saluer ces réalités qui, pour une raison ou une autre, se synchronisent parfois.

Il arrive surtout que certaines coïncidences semblent trop banales, pour qu'on perde son temps à les noter. On pourrait avoir l'impression de se vautrer dans le ridicule, ou même dans la superstition. Mais, à chacun sa vision des choses. Moi, les coïncidences, j'aime bien en prendre connaissance, quand elles surviennent.

Je me souviens de cette époque où je faisais de la couture un hobby. Je m'étais proposé de confectionner un tailleur en tweed gris. J'avais exactement l'image de ce tissu dans ma tête, mais je savais fort bien que ce genre d'étoffe serait introuvable, puisqu'on ne faisait presque plus d'habits en tweed. J'avais cependant pris la route, avec la ferme intention de visiter tous les commerces de textiles, et un mince espoir de repérer quelque chose qui s'approcherait de ce que j'avais à l'esprit.

Sur la rue Saint-Hubert, au nord de la rue Jean-Talon, se situent de nombreux magasins de matériels et d'articles de couture. Imaginez ma surprise lorsque, devant la première boutique que je rencontrais, là sur un présentoir placé sur le trottoir, était étalée l'exacte version du tissu que j'avais en tête!

C'était sans doute une histoire banale, mais il y en avait eu tellement d'autres dans ce genre, comme pour me confirmer que les miracles

—grands ou petits— existent bel et bien. Alors, je ne peux qu'être reconnaissante.

C'est ainsi que, plongée dans ce fauteuil en face de la télé, j'ai tourné les yeux vers le cadran du salon, et que j'y ai lu 22:22. D'emblée, je me suis dit qu'un chiffre si parfait, ça doit vouloir dire quelque chose. Et je me suis remise à suivre une série qui me captivait, et sur laquelle je me concentrais. Il s'agissait de l'histoire d'un jeune homme qui détient le pouvoir de traverser le temps. À la base de ce récit étonnant : un postulat, sur fond de physique quantique, que le temps n'est pas linéaire. Mais voici qu'un moment plus tard, sans y penser, mon regard a encore effleuré le cadran pour y voir 23:23. Je me dis alors que, décidément, on entre dans le plus-que-parfait. Puis, je me suis mise à additionner ces chiffres : 2+3+2+3 = 10. Et ça, j'aime bien. Chaque total résultant à 10 me pousse à imaginer que je suis témoin d'un moment particulier, que j'ai peut-être accompli ce jour-là de bonnes choses, et qu'une belle récompense m'est promise.

J'ai traîné devant la télé, ne parvenant pas à délaisser cette série que je trouvais de plus en plus fascinante. Finalement, trop fatiguée, je me rends dans ma chambre; c'est passé l'heure de dormir. Néanmoins, je prends d'abord le temps de vérifier; j'aime savoir l'heure à laquelle je me couche, pour la comparer à l'heure où je me réveille. 1 : 09! Eh bien, dis donc, la vie est belle. Encore un autre 10. Et si demain —enfin pas demain, puisqu'il est déjà 1 heure du matin. Donc, si plus tard, il est 8 : 02 quand je me serai levée, alors cela voudra vraiment dire quelque chose.

Bon, c'est là un passe-temps auquel on peut se livrer, lorsque l'on est à la retraite. Moins préoccupés par des obligations ou des contraintes, comme celles liées à un emploi, on peut se donner le loisir de noter ces clins d'œil venus de l'Univers. À ce jeu-là, j'ai cumulé toute une série de 10; alors, j'attends. Je vais attendre; une récompense est peut-être en chemin.

Peut-être. Qui sait?

Mais la vie continue

La nuit dernière, j'ai rêvé que j'étais quelque part dans la ville, et que je cherchais à rentrer chez moi. C'était une fin de journée, dans une ambiance apocalyptique; et j'essayais vainement d'accéder à un de ces autobus qui passaient tous bondés. Tellement remplis, que les gens étaient entassés, collés les uns sur les autres, plaqués contre les fenêtres, d'où leurs bras pendaient sur l'extérieur. C'était sûrement un de ces rêves Covid, un de ces rêves bizarres dont plusieurs personnalités ont fait mention à la télévision. Ou encore que notre subconscient emmagasine tellement de détails, et que ces derniers se traduisent en cauchemars durant notre sommeil. Ou peut-être bien, que la terrible suite de canicules prolongées, durant cet été 2020, nous ait détraqué le cerveau. Qu'est-ce que j'en sais?

Je me dis seulement : pourvu qu'on se réveille. Car, il arrive qu'on se couche, ces temps-ci, ne sachant pas si on va se lever demain. Que de gens —souvent des travailleurs de la santé— sont rentrés chez eux, après leur journée de travail, et ne se sont pas réveillés.

Mais voici, aujourd'hui, je me suis levée. Aujourd'hui, m'est donné un nouveau jour; il faut le célébrer. Vivre chaque jour, comme si c'est le dernier, c'est ce qu'il faudra faire. J'ai mis mon corsage neuf, ce beau corsage que je m'étais payé l'an dernier. J'ai passé à mon bras un bracelet en argent, et à mon doigt, ma bague surmontée d'un lapis lazuli. On dit que cette pierre est un symbole de sagesse et de vérité. Bon, je l'avais achetée, cette bague, parce que je la trouvais jolie. Tant mieux si, en plus, elle détient des propriétés bienfaisantes.

Plus tôt ce matin, par la fenêtre du salon, j'avais jeté un coup d'œil vers le fleuve; il avait encore changé de couleur. Il avait emprunté sa teinte gris sale, alors que le soleil brillait. Les arbres qui longent la rive arboraient cet air nonchalant, à peine remués par le souffle d'une brise, tandis qu'une flopée d'oiseaux traversait le ciel clair. Les véhicules en tous genres avaient, dès le déconfinement, reconquis l'Autoroute. Sur le trottoir, juste en bas, un jeune homme était en train de jogger; un bonhomme à bicyclette, dont je ne percevais que la tête ronde et un bedon proéminent, allait le dépasser. Puis avait surgi tout à coup une longue voiture blanche décapotable, un ancien modèle dont raffolent quelques nostalgiques. J'avais pu voir d'ici le couple de personnes d'un certain âge y prenant place. Cela me semblait alors évident : la vie continue.

J'aurai bientôt fini de m'habiller. J'ai pris le temps de me regarder dans la glace; ce que je ne fais pas souvent, depuis le début de la pandémie. Dieu, mais que j'ai grossi! Il parait cependant que je ne suis pas seule à avoir pris du poids; beaucoup de gens —des personnalités mêmes— s'en sont plaints dernièrement.

J'ai ajusté mon couvre-visage, j'ai attrapé mon sac à main turquoise, et j'ai pris le large.

Direction supermarché. Une recette de légumes que le chef Ricardo avait exécutée à la télé, et que j'aimerais reproduire dans la soirée : un mélange d'asperges, de haricots verts, de choux de Bruxelles et d'oignons verts, sur un lit de fromage Cottage, avec du saumon fumé et des noix de Grenoble concassées.

Ce soir, je dégusterai mes légumes. Une double portion, avec un verre de vin blanc. Pour moi qui d'habitude cuisine mal, je suis presque certaine de réussir la recette. Sans doute vais-je ajouter quelques centimètres de plus à mon tour de taille. Eh bien, soit! YOLO, comme vous feraient remarquer les milléniaux : you only live once. On ne vit qu'une fois; plus que jamais, j'en suis consciente.

« Alors, et ces bras de Michelle Obama? » me direz-vous. Ce sera peut-être pour plus tard, si La Providence le permet. Voyez-vous, ce soir, je me mettrai de la musique. Je chanterai de ma vilaine voix, et je danserai. Un point c'est tout.

Serai-je encore là demain? Qu'importe.

Bonjour l'hiver

De la fenêtre du huitième étage
je contemple les congères immaculées
Dieu qu'il a neigé cet hiver!
Je savoure cet instant
où je prends conscience
que le chaud et le froid
se tiennent côte à côte
séparés que par un mince panneau de verre

Dans le confort de mon appartement
il m'est aisé de trouver magnifique
cet espace tapissé jusqu'à l'horizon
d'un épais velours blanc.

Une douce quiétude
envahit mon esprit
quoique se réveille par moments
l'écho sournois des mauvais jours
le douloureux tumulte de ces derniers temps

Hier encore
je m'apitoyais sur moi-même
je m'attristais sur le sort de ce monde!
Je me fâchais
Je me rebellais
mais J'avais aussi réfléchi
J'avais essayé de comprendre

Maintenant tout semble clair
Nul ne pourra empêcher
que marchent côte à côte
l'hiver et le printemps
le chaud et le froid
le riche et l'indigent
le débauché et le bigot
le profiteur et l'opprimé
le juste et le mécréant
le bien portant et le mourant
le bienheureux et le désespéré

J'ai longuement réfléchi
et j'ai enfin compris:
le négatif est nécessaire

tout autant que le positif.
Cela doit sûrement faire partie du plan ultime
ce plan dont nul ne connaît la teneur
et que je ne puis qu'accepter!

Tout comme le roseau
Se plier au gré du vent
Puis se relever

Ainsi donc j'accepte
Je n'ai pas le choix j'accepte
À mon corps défendant j'accepte
C'est difficile d'accepter
Mais j'accepte quand même
Car il arrive parfois
qu'entre le jour et la nuit
s'interpose un merveilleux crépuscule
qu'à travers la dissonance
l'on puisse déceler d'émouvantes harmonies
que dans le chaos le plus infernal
subsiste une place au bonheur.

La Providence a sa propre sagesse
Sans doute que le mal et le bien

sont tous les deux nécessaires
Qui suis-je pour contester cela?
Je ne puis qu'observer!

Alors j'observe:
Je me rends compte
que les multiples guerres
que les innombrables calamités
n'ont pas pu réussir à briser l'âme humaine
Je me rends compte
qu'entre l'enfance et la vieillesse
se vit notre jeunesse
Et que l'amour est bien plus fort que tout!

De la fenêtre du huitième étage
j'observe la neige dans toute sa majesté
Et je salue sa beauté éphémère
car j'ai cette assurance
que notre cher printemps reviendra
Le printemps sera bientôt là
nous n'avons qu'à passer l'hiver

(Anna Fayonna - 2012)

Table des matières

Autres ouvrages de l'auteure

Sous le nom Anna Fayonna :

Une Suite de Petits Événements - En toute Innocence (Roman 2006)

Les Lycéennes (Roman 2008)

Le Pain des Sans-Pitiés (Roman 2009)

Impossible Retour (Textes introspectifs 2011)

La Confusion des Photogéniques (Roman 2011)

Paradoxe, cité des exclus (Roman 2013)

*****

Sous le nom Duqueronette :

Prends le nom de Dieu et vaincs! (2019)

*****

Sous le nom Mmandi :

A Rapper'$ Queen (Roman 2015)

ÉDITION, MISE EN PAGE ET ILLUSTRATION
QUART-DE-LUNE ÉDITIONS & LOISIRS INC.

Made in the USA
Columbia, SC
01 October 2020

21885002R00121